Conte-Me Mais

DE KELLY CORRIGAN

Conte-me Mais

Glitter and Glue

Lift

Entre o Céu e a Terra

BEST-SELLER DO NEW YORK TIMES

Conte-Me Mais

Histórias Sobre as Doze Coisas Mais Difíceis que Estou Aprendendo a Dizer

KELLY CORRIGAN

ALTA LIFE
EDITORA

Rio de Janeiro, 2022

Conte-me Mais

Copyright © 2022 da Starlin Alta Editora e Consultoria Eireli.
ISBN: 978-85-508-1400-1

Translated from original Tell Me More. Copyright © 2018 by Kelly Corrigan. ISBN 9780399588372. This translation is published and sold by permission of Random House, an imprint and division of Penguin Random House LLC, the owner of all rights to publish and sell the same. PORTUGUESE language edition published by Starlin Alta Editora e Consultoria Eireli, Copyright © 2022 by Starlin Alta Editora e Consultoria Eireli.

Impresso no Brasil – 1ª Edição, 2022 — Edição revisada conforme o Acordo Ortográfico da Língua Portuguesa de 2009.

Todos os direitos estão reservados e protegidos por Lei. Nenhuma parte deste livro, sem autorização prévia por escrito da editora, poderá ser reproduzida ou transmitida. A violação dos Direitos Autorais é crime estabelecido na Lei nº 9.610/98 e com punição de acordo com o artigo 184 do Código Penal.

A editora não se responsabiliza pelo conteúdo da obra, formulada exclusivamente pelo(s) autor(es).

Marcas Registradas: Todos os termos mencionados e reconhecidos como Marca Registrada e/ou Comercial são de responsabilidade de seus proprietários. A editora informa não estar associada a nenhum produto e/ou fornecedor apresentado no livro.

Erratas e arquivos de apoio: No site da editora relatamos, com a devida correção, qualquer erro encontrado em nossos livros, bem como disponibilizamos arquivos de apoio se aplicáveis à obra em questão.

Acesse o site www.altabooks.com.br e procure pelo título do livro desejado para ter acesso às erratas, aos arquivos de apoio e/ou a outros conteúdos aplicáveis à obra.

Suporte Técnico: A obra é comercializada na forma em que está, sem direito a suporte técnico ou orientação pessoal/exclusiva ao leitor.

A editora não se responsabiliza pela manutenção, atualização e idioma dos sites referidos pelos autores nesta obra.

Dados Internacionais de Catalogação na Publicação (CIP) de acordo com ISBD

C825c   Corrigan, Kelly
         Conte-me mais: histórias sobre as doze coisas mais difíceis que estou aprendendo a dizer / Kelly Corrigan ; traduzido por Edite Siegert. – Rio de Janeiro : Alta Books, 2022.
         240 p. ; 16cm x 23cm.

         Tradução de: Tell Me More
         ISBN: 978-85-508-1400-1

         1. Autoajuda. I. Siegert, Edite. II. Título.

2022-1403   CDD 158.1
                                         CDU 159.947

Elaborado por: Odilio Hilario Moreira Junior - CRB-8/9949

Índice para catálogo sistemático:
1. Autoajuda 158.1
2. Autoajuda 159.947

Atuaram na edição desta obra:

Produção Editorial Editora Alta Books	**Coordenação Comercial** Thiago Biaggi	**Produtor Editorial** Thales Silva	**Equipe Editorial** Beatriz de Assis Betânia Santos
Diretor Editorial Anderson Vieira anderson.vieira@altabooks.com.br	**Coordenação de Eventos** Viviane Paiva comercial@altabooks.com.br	**Produtores Editoriais** Illysabelle Trajano Maria de Lourdes Borges Paulo Gomes Thiê Alves	Brenda Rodrigues Caroline David Gabriela Paiva Henrique Waldez Kelry Oliveira Marcelli Ferreira
Editor José Ruggeri j.ruggeri@altabooks.com.br	**Coordenação ADM/Finc.** Solange Souza		Mariana Portugal Matheus Mello
Gerência Comercial Claudio Lima claudio@altabooks.com.br	**Direitos Autorais** Raquel Porto rights@altabooks.com.br	**Equipe Comercial** Adriana Baricelli Ana Carolina Marinho Daiana Costa Fillipe Amorim Heber Garcia Kaique Luiz Maira Conceição	**Marketing Editorial** Jessica Nogueira Livia Carvalho Marcelo Santos Pedro Guimarães Thiago Brito
Gerência Marketing Andrea Guatiello andrea@altabooks.com.br			

Atuaram na edição desta obra:

Tradução
Edite Siegert

Revisão Gramatical
Isadora Araújo
Fernanda Pereira

Copidesque
Alessandro Thomé

Diagramação
Lucia Quaresma

Capa
Marcelli Ferreira

Editora afiliada à: ASSOCIADO

ALTA BOOKS
EDITORA

Rua Viúva Cláudio, 291 – Bairro Industrial do Jacaré
CEP: 20.970-031 – Rio de Janeiro (RJ)
Tels.: (21) 3278-8069 / 3278-8419
www.altabooks.com.br — altabooks@altabooks.com.br
Ouvidoria: ouvidoria@altabooks.com.br

Aconteceram muitas coisas desde a última vez em que tive de escrever uma dedicatória em um livro.

Estive em dois funerais: o de meu pai, que foi meio excepcional, e o de minha amiga Liz, que foi arrasador. Deixei as cerimônias, provavelmente como a maioria das pessoas, querendo muito merecer minha vida e as pessoas que dela fazem parte.

Este livro é sobre as coisas que dizemos a quem amamos (inclusive a nós mesmos) e que fazem tudo melhorar.

É para Liz, que certamente apreciaria o esforço. Gostaria que tivéssemos feito isso juntas, Liz, o que, de certa forma, fizemos.

Nota da Autora

Há pouco tempo, dirigi de Oakland a Los Angeles com as meninas e Edward, e, a caminho de casa, discutimos sobre quem tinha pedido a pizza de calabresa *na noite anterior*. Todos lembramos do pedido de um jeito diferente e tínhamos certeza absoluta de que nossa lembrança estava correta e completa.

Neste livro, conto várias histórias, algumas das quais envolvem outras pessoas: meu marido e minha mãe, meus irmãos, minhas filhas, minha melhor amiga da escola, meu antigo patrão na Villanova Pizza. É uma incógnita como eles contariam a mesma história.

O que posso garantir é que não interferi na verdade como a conheço e, em muitos casos, baseei-me diretamente em velhos diários (que ainda são, infelizmente, apenas minha versão dos eventos oportunamente registrados). A realidade sempre vem envolta em um ponto de vista, por mais que tentemos mostrá-la com isenção.

Agradecimentos

PRECISO DE AJUDA

Você ficaria horrorizado se lesse alguns dos primeiros esboços deste livro. Assim, de certa forma, podemos agradecer a Ariel Trost, Sarah Handelsman, Phoebe Lichty e Susan George, que abriram meus e-mails cujo assunto era "Eu preciso de ajuda". Essas mulheres, que têm empregos, projetos apaixonantes e famílias que precisam delas, leram vários esboços e fizeram perguntas sérias e importantes; Jen de la Fuente, que foi misericordiosamente franca (iniciando seu feedback com "eu realmente gosto de você e não quero acabar com nossa amizade, mas..."); Melissa Williams, que me disse que queria rir mais e que, depois, naquela mesma noite, mandou um recado adorável dizendo: "Sobre as coisas engraçadas: sei que têm sido anos difíceis, então não se sinta como se nos devesse algumas risadas"; Andy Sheehan, que sempre me encheu de coragem desde o sexto ano e disse: "Você sabe o quanto isso é especial, não é?"; e as autoras Susannah Meadows e Kimberly Ford Chisholm, que repassaram página por página comigo, questionando, desafiando, validando.

Depois de um ano, partilhei as páginas com a poderosa equipe de duas pessoas: Suzanne Gluck, da William Morris Endeavor, e Andy Ward, da Random House. Suzanne, que diz "Parabéns, temos um livro aqui!" ao primeiro sinal de que algo coerente está se formando. Suzanne, que tem uma carreira ótima e é dez vezes mais esperta do que eu, e então, quando ela diz "Eu estou *muito* satisfeita por estar neste barco com você", sinto que poderei sobreviver à publicação. Suzanne, que consegue, de um jeito legal, várias amostras de desenhos de capa. Gluck, você é a melhor. Todos dizem isso e é verdade. E então há Andy. Andy, que tem coisas muito melhores para fazer do que tentar me ensinar a ser "mais observadora" e "ir fundo" e "se tiver dúvidas, conte uma história". Andy, que "detesta aliterações" e me diz que posso "ser mais engraçada que isso, mulher" e cortou metade de minhas frases preferidas, *talvez* exageradas, que dizem, "eu jogo merda no ventilador, é isso que eu faço". Andy, que leva o trabalho a sério, mas não morre por causa dele. Andy, que nunca me insulta com feedbacks inoportunos. Andy, que disse, finalmente, 21 meses depois: "Adorei. Você mandou bem."

Há também na Random House uma mulher corajosa e boa chamada Sharon Propson, que fica ao meu lado depois que o manuscrito vai para a gráfica e é hora da conexão com os leitores. SP, obrigada por me defender. *Decididamente*, fomos feitas para trabalhar uma com a outra.

Por fim, minha carreira começou com a luz brilhante de bondade e inteligência de Andy Barzvi, da Empire Literary. Percorremos um longo caminho juntas, e tive a sorte de conhecê-la naquela época.

OBRIGADA

Para minha mãe, uma mulher discreta cujo feedback sobre meus textos muitas vezes foca a gramática e a ortografia e que prefere que minha missão não envolva partilhar suas questões pessoais, mas que é, na verdade, tão maternal que para nas livrarias a fim de colocar exemplares de meus livros nas áreas de grande movimentação, como a recepção, ou perto das balinhas, no caixa. Mãe, de um jeito ou de outro, tudo gira em torno de você.

Aos meus irmãos, Booker e George, que não escolheram ter uma irmã que escreve livros e voa de uma cidade a outra contando histórias da família. Às vezes, é bem legal, mas outras, imagino, é um pouco demais. Obrigada por dançarem conforme a música e, às vezes, até aparecerem nas leituras. Não posso lhes dizer o quanto é importante vê-los lá. Como sua irmã caçula, a verdade tola é: minha necessidade de impressioná-los nunca termina.

Para minha garota Tracy Tuttle, cujo nome de casada é McGowan; meus dois homens sábios, Will Kabat-Zinn e Rabbi Michael Lezak; a adorável e destemida Harriet Haydemann.

Para Andy Laats, de quem não posso falar sem chorar. Sei que é mais difícil do que parece. Sei que você fica muito cansado. Mas, sinceramente, você é excepcional. Obrigada por guardar o espaço que sua Liz, querida e única, costumava ocupar.

Para minhas garotas, Georgia e Claire, as melhores coisas que já me aconteceram, a principal força em minha vida. Deixe-me dizer apenas isto: ninguém jamais será tão interessante ou maravilhosa quanto vocês. Eu brinco que "o melhor momento do dia" é tirar meu sutiã, mas é claro que o melhor é ver vocês descerem pela manhã.

E para Edward Lichty, a quem gosto de chamar de Eddy (você talvez não goste), por deixar que eu seja muito chata, algumas vezes, e muito idiota, em outras, e continuar segurando minha mão mesmo assim. O fato de você me levar a sério — e gostar de mim o suficiente para passar a vida toda comigo — é a *base* que me sustenta.

SOBRE A AUTORA

KELLY CORRIGAN tem sido chamada de a voz de sua geração por *O: The Oprah Magazine* e de a poetisa laureada dos comuns pelo *HuffPost*. Ela é autora de *Entre o Céu e a Terra, Lift* e *Glitter and Glue*, best-sellers do *New York Times*. É também a diretora criativa do The Nantucket Project, no qual é apresentadora de uma série de conversas sobre o que é mais importante. Com alguns amigos, ela criou Notes & Words, um concerto beneficente anual apresentando escritores e músicos juntos no palco, que angariou US$8 milhões para o Hospital Infantil UCSF Benioff. Ela mora perto de Oakland, Califórnia, com o marido, Edward Lichty, e as filhas adolescentes, Georgia e Claire.

kellycorrigan.com

Facebook.com/kellycorriganauthor

Twitter: @corrigankelly

Instagram: @kellycorrigan

Sumário

Nota da Autora — vii

Agradecimentos — ix

As Coisas São Assim — 1

Conte-me Mais — 27

Eu Não Sei — 53

Eu Sei — 85

Não — 105

Sim — 133

xvi   *Conte-me Mais*

Eu Estava Errada	137
Boa o Suficiente	163
Eu Te Amo	179
Sem Palavras	185
Para a Frente	197
Então, É Isso	217

As Coisas São Assim

Não havia motivo para tudo desabar naquela manhã. E, na verdade, não desabou. Eu desabei.

Eu poderia dizer que foi por que meu pai — que eu amava loucamente — havia morrido 68 dias antes. Eu poderia dizer que assisti-lo se retrair em direção ao silêncio me exauriu, que o sofrimento me esvaziou, que não sou mais a companheira para uma vida em família normal, que minha estação de rádio tinha perdido o sinal, o zumbido da estática interrompido apenas pela recepção ocasional de dois pensamentos nítidos: *Ele se foi* e *Por favor, traga-o de volta*.

Mas a verdade é que estou sempre alternando entre a aceitação madura dos fatos imutáveis da vida e protestos infantis contra tais fatos. No tempo necessário para pegar a correspondência, posso passar de otimista e determinada a furiosa e ressentida. Para que você entenda melhor, há um representante de atendimento ao cliente da Hertz em Des Moines que poderia liberar uma fita de meu recente "feedback" que faria a internet quebrar. Tudo isso não quer dizer que não enxergo a diferença entre o trivial e o trágico. Eu enxergo. De verdade. Eu me curvo, agradecida, por minha saúde, meu marido, minhas filhas, meu aquecimento central. Mas não consigo ficar curvada. Eu me ergo o tempo todo, perguntando coisas como: *Tem mais alguém com dores nas costas?* Nesses momentos, não estou muito mais perto de manter uma atitude adulta do que no dia em que tive minha primeira menstruação.

Por falar em menstruação, falta de perspectiva e ataques de irracionalidade, tenho duas filhas adolescentes. Georgia tem 16 anos, cabelos bem cortados e cuidados, olhos cor de avelã, pés chatos e uma covinha linda. Ela gosta de lacrosse e Snapchat e prefere pré-cálculo e química a humanas, onde há respostas possíveis em excesso. Seu interesse por mim gira em torno da mesada e de caronas; oferecer mais, como uma opinião, visivelmente a irrita. Sua independência me tortura e impressiona. Ela é uma procrastinadora de primeira que escova os cabelos molhados no carro a caminho de uma festa e espera até eu estacionar para praticar calçar as chuteiras. Ela é ótima em uma pista de dança, e, às vezes, quando está me contando uma história, fico cativada por ela como nunca fiquei por outro ser humano.

Claire tem 14 anos, cabelos loiros que ficam castanhos no inverno, calça 40, tem olhos azuis-escuros que herdou do pai e um sorriso que pode ser visto do espaço. Ela joga vôlei e basquete, porque a obrigamos, e lacrosse, porque gosta de ficar ao ar livre na primavera. Sem nossa interferência, suas horas extracurriculares seriam dedicadas às letras de Lin-Manuel Miranda, a confeitar bolos e biscoitos com bicos especiais que encontrou na Amazon e planejar festas temáticas, seis por ano, atreladas aos feriados. Ela desenha os próprios convites, encontra ideias de petiscos e decoração no BuzzFeed e liga um *disco light* de US$14 para animar a pista de dança que é o nosso terraço. No quinto ano, ela acertou todas as respostas em um teste padronizado que foi aplicado durante quatro dias, mas isso não significa que ela saiba escrever "pograma" e "discução". Gostamos de pensar que ela pode ser uma espécie de gênio criativo, mas tudo é possível.

Quando estão juntas, as meninas estão assistindo a reprises de *The Office*, ignorando-se mutuamente por causa de qualquer coisa que esteja ocorrendo no celular ou discutindo sobre como dizer Wingardium Leviosa. Às vezes, o jeito como elas brigam me lembra o jeito como Edward e eu discutimos, e tenho certeza de que, se nós tivéssemos adotado um sistema de bipartidarismo, nossas filhas seriam melhores e mais felizes. Uma ou duas vezes ao ano, elas fazem uma apresentação tipo Bollywood, que aprenderam com Just Dance, e me lembro de quando estar em casa juntos era suficiente. Quando elas representam o quadro de Garth & Kat, de *Saturday Night Live,* ouso acreditar que posso ver tênues sinais de uma futura amizade.

E assim, resta Edward, meu marido. Quando criança, lhe disseram que era parecido com Robby Benson, do filme *Castelos de Gelo*. Agora consegue se parecer com Ben Stiller. Suas obsessões são natação, ter o equipamento adequado para cada ocasião, certificar-se de que cada pessoa com quem entra em contato tenha visto e apreciado todas as cinco temporadas de *The Wire*, e os Golden State Warriors. É fanático por seu líbero, Draymond Green, que ele chama de Sack Tapper [Batedor de Saco] depois que o jogador chutou vários adversários nos testículos durante as finais de 2016. Excetuando o fato de ele levar mais que dez dias para desfazer uma mala e me encher sobre ir ao dentista, Edward é uma pessoa de convivência relativamente fácil. Ele não tem medo do mercado ou do fogão e me ajuda a pintar a parte de trás de meus cabelos, cobrindo as raízes grisalhas com Castanho Médio 5 com a miniescova de plástico que acompanha o kit. Ele é profundamente racional, tem um trabalho que considera importante e quase sempre ficamos de mãos dadas enquanto adormecemos, apesar de não gostar muito de ficar de mãos dadas.

Eu... estou em toda a casa. Eu me pareço com meu pai e, de formas diferentes, com minhas filhas. Meu cabelo é naturalmente cacheado, mas não daquele jeito sensual que se vê nas praias. Se eu fosse um cachorro, seria do tipo que é mais fácil tosar do que escovar. Disseram-me que meus dentes são grandes. Sou indulgente, e estou ficando mais indulgente, e meu traseiro está mais para uma panqueca do que para uma melancia. Para fingir que me preocupo o suficiente em consertar essas coisas, eu me exercito todos os sábados de manhã com Edward. Desacelero quando minha testa começa a brilhar — não sou grande fã de chuveiros. Uso as mesmas roupas a semana toda, e muitas vezes já passa do meio-dia quando visto um sutiã ou me olho no espelho. Prefiro projetos a empregos. Construí "móveis", fui "fotógrafa" e comecei uma "empresa". Sou um poço de ideias, uma dezena por dia. Minha ambição aumenta quando bebo — uma modesta margarita pode me deixar a fim de concorrer ao senado — e diminui pela manhã, depois que as meninas saem e fico sozinha com as tarefas domésticas. A única coisa realmente boa que faço é trabalhar como voluntária no hospital infantil da cidade. Todas as terças-feiras, das 15h às 17h, eu seguro bebês na UTIN.

Essa sou eu, esses somos nós.

Assim, certa manhã...

Eu tinha dormido bem. Fiz a habitual caminhada vacilante ao banheiro às 5h da manhã e de volta aos lençóis para mais duas horas na cama, até que, como cortinas que se abrem, acordo. Há bacon fritando — sinto o cheiro — o que coloca Edward na cozinha atendendo à sua pontual necessidade de carne no café da manhã. Eu me sento, apoio os óculos no nariz para ler a leve curva de minhas pantufas. Esquerda à esquerda. Direita à direita. Outro dia começa.

Depois que silencio minha máquina de ruído branco, o primeiro som que ouço são trechos de uma discussão tensa entre as meninas. Alguém está usando a camiseta de outro alguém. Sem pedir. Briguinhas incomodam mais a mim do que a Edward. Edward consegue tolerá-las o dia todo, indo e vindo, enquanto eu entro em ação à primeira investida. Se sempre onde há fumaça há fogo, a mente sensata implora: por que não apagá-lo *antes* que tudo se transforme em cinzas?

Eis o porquê: Edward leu um livro sobre educação de filhos (só um) que dizia: "Deixe que briguem!"

Quanto à camiseta, uma peça de decote careca de US$9 da Circo, foi comprada na Target para Georgia. Contudo, na semana anterior, quando a vi na cômoda transbordante de opções que ela tinha ignorado desde que se comprometeu em tempo integral a leggings pretos e moletons com capuz cinza, eu pensei: *Pô, aposto que consigo convencer Claire a usar isso.* Não achei que Claire fosse *gostar* dela. Pensei que conseguiria fazer com que *ela* a usasse, para que não continuasse abandonada. Preciso que as coisas sejam usadas — a primeira fatia do pão de forma, a última página do caderno, o tapete da faculdade. Nosso carro está com 240 mil quilômetros rodados.

Então, sim, dei a camiseta de Georgia para Claire. E não pedi permissão.

Enquanto a história da camiseta continua no corredor, o volume da voz de minhas filhas aumentando, o telefone toca, o que sugere, como em lares do mundo todo, que alguém deveria atendê-lo. Mas aqui, na Crest Road, o toque é um apito para cães, e sou o único cão presente.

"Edward! O telefone!"

Ele não me ouve, com o crepitar do bacon, o som do necessário exaustor e da discussão no corredor.

Corro para atender ao aparelho do andar superior, só para ouvir: "Oi, aqui é Joan, do Fundo de Conscientização do Câncer de Mama, para falar com você sobre nossa Corrida Divertida e Brechó de Arrecadação de Fundos." Ah, não, gravação "Joan". Não, não vou. Tive câncer de mama. Quimio, cirurgia, radiação, o Pacote Completo. Já deu. Clique.

Enquanto isso, as meninas estão realmente ficando animadas. Agora é mais do que uma camiseta; é *Eu sempre!* e *Você nunca!* e *Isso é loucura!* Então, Claire dá uma de Real Housewives: "Você não sabe dividir nada, sua idiota egoísta!"

Estou em cima dela em segundos. "O que foi que você disse?" Dane-se o livro de Edward.

"Ela" — Claire começa a responder minha pergunta retórica.

"Você ouviu?" — Georgia diz.

"Parem! A próxima pessoa que disser uma palavra" — Que atividade divertida posso arruinar? Ou será que eu deveria inverter a coisa, fazer a ofensora *fazer* algo, em vez de *perder* algo? — "vai levar Hershey para passear todos os dias até o Natal, e Deus vai me apoiar!" Usar o nome do Senhor em vão ao mesmo tempo em que invoco o nascimento de seu filho é um perverso sacrilégio, mas nunca fui a católica que meus pais tentaram criar com tanto esforço. "Escutaram?"

As meninas não levam a cachorra para passear porque elas não ligam para a cachorra. Nós a temos porque a Sra. Judy, uma querida professora do ensino fundamental, murmurou ao meu ouvido na noite De Volta à Escola: "Antes que cheguem à puberdade, consiga um cão." Ela jurou que essa era a única coisa que tinha visto acalmar as meninas quando suas glândulas pituitárias começam a sussurrar para seus ovários. *Claro*, pensei, *um cão*. Algo a quem dar e receber amor. Um amigo confiável.

Foi o que aconteceu, nos primeiros maravilhosos dias, tipo nos primeiros vinte minutos da manhã de Natal, antes que todos percebessem que ganharam metade do que pediram. Mas isso passou depressa e foi seguido por muitos dedos apontados sobre quem tinha que alimentá-la, seguido de negociações com o pai mais fraco sobre o pagamento para limpar suas necessidades. Logo ficou claro que se Hershey fosse doada a uma família mais dedicada — a da Sra. Judy, por exemplo —, nenhuma lágrima cairia.

Resumindo, a cachorra certamente é tão substituível para elas quanto um bicho de pelúcia disponível em dezessete cores em uma grande loja de departamentos a poucos quilômetros de casa.

"Meninas, melhor chamar o fotógrafo de comida!", Edward diz. "Tenho uma travessa de bacon campeã aqui!"

Elas olham para mim. A gente meio que se odeia nesse momento, eu mais que todos, porque lhes ensinei *palavrões*, e eu grito, e elas gritam, e Edward perdeu outra confusão, o que significa que elas gostarão mais dele hoje, e ele é mesmo melhor, e qualquer vontade de brigar que minhas filhas tenham vem direto de mim, e eu pensei que seria uma boa mãe como Michelle Constable ou Tammy Stedman, e eu não sou, e segundo um blog de criação de filhos que vi, gritar é tão ruim quanto castigos físicos e especialmente destrutivo para a autoestima, então, ah, meu Deus, o que estou fazendo? Com delicadeza, mas determinação, eu digo: "Georgia, Claire está usando a camiseta. Eu a dei para ela. Se a quer de volta, pode tê-la amanhã. Agora vamos."

Georgia se vira com um gesto teatral, Claire pisa duro atrás dela, igualmente indignada, e, em segundos, escuto minha filha mais velha me denunciando ao pai: "Ela *sempre* fica do lado da Claire."

Eu fiquei do lado da conveniência!, eu quis gritar, mas não posso me defender diante de minha acusadora, não só porque isso tornaria minha filha igual a mim de um jeito proibido, segundo a última conversa que tive com minha mãe, mas também porque o telefone toca de novo e é ela, minha mãe, ligando como se soubesse que eu estava perto de uma arbitragem fadada ao fracasso. Pois bem. As meninas estão comendo bacon com Super-Edward. Quem se importa com a camiseta agora?

———————

Minha mãe já passou alguns anos dos 70 (ela não se importa com esses detalhes agora). Ela adora jogos, qualquer coisa de gin rummy a àquelas apostas elaboradas dos campeonatos de basquete da NCAA. E ela é rápida em sugerir uma pequena aposta, e sempre paga. Certa vez, ela apostou um dólar com meu amigo Jamie em um jogo de futebol universitário, e quando perdeu, enviou-lhe uma nota novinha de um dólar pelo correio. Na verdade, ela se aposentou da função de corretora de imóveis e de ex-loira e dá preferência ao conforto quando se trata de escolher roupas. Hoje ela mede cerca de 1,60cm. Ela criou meus dois irmãos mais velhos e a mim em Villanova, na Wooded Lane, em uma casa que ela e meu pai compraram no ano em que seu segundo filme preferido foi lançado: *A Primeira Noite de um Homem* (vencido décadas depois por *Uma Linda Mulher*). Quarenta e nove anos depois de terem se mudado, ela liga da mesma cozinha, desta vez para pedir ajuda para descobrir como transferir as milhas de meu pai para a conta dela. Meu pai, cujo pijama estou usando, tinha incríveis 3.300 milhas da American, suficientes para um sanduíche de frango com molho Caesar grátis a bordo. Minha mãe ouviu de uma amiga que as milhas podem ser transferidas após a morte do passageiro. Ela quer me dar o número da conta dele para ver se consigo alguma informação.

Quero muito ajudá-la, mas não desse jeito.

Como minha mãe, não gosto de letras miúdas, esqueço todas as senhas e detesto formulários. Na verdade, neste exato momento, estou andando com a carteira de motorista vencida por não querer enfrentar as filas do Departamento de Trânsito, apesar de Edward me dizer o tempo todo que posso agendar um horário online, *como se fosse possível confiar nisso*. Quanto a minha mãe, eu preferia "ajudar" realmente falando sobre meu pai, que chamávamos de Greenie, um apelido que ele ganhou na faculdade por causa de uma ressaca horrível.[1] Quero dizer a ela como todos os dias parecem sem cor agora que ele se foi, como a possibilidade de qualquer passeio está limitada, como é chato assistir aos jogos do Phillies, ir à missa do meio-dia, tomar uma Smirnoff com gelo sozinha. Quero saber do vazio de viver sem ele depois de cinquenta anos. Com quem ela joga cartas? Mas Mary Corrigan não conta esse tipo de coisa. Não é do que ela precisa, não agora, não nunca. Ela precisa de privacidade, igreja e tempo

---

1 N. da T.: "Grennie", de *green* (verde, em inglês), uma alusão à provável coloração da pele do personagem durante a ressaca.

— e neste exato momento, ela precisa falar sobre fechar as contas bancárias, devolver o Buick alugado antes que lhe cobrem outro mês e aquelas milhas.

Enquanto ela me passa o número da conta que finjo anotar, imagino Greenie entrando na linha para perguntar sobre o "pêssego da Georgia" e "Claire, Claire, seu pão de mel". Ele pronunciava o nome delas como se fossem campeãs de boxe ou artistas do Show do Intervalo em jogos do campeonato de futebol. Percebo o SUV do vizinho saindo da garagem, esperando para levar as meninas para a escola.

"Onde está minha mochila?", uma de suas "superestrelas" grita para o alto da escada de um jeito que parece uma acusação.

"Eu não sei. Onde você procurou?", Edward responde, como as professoras montessorianas das meninas nos ensinaram a fazer na pré-escola.

"Mãe! Onde está minha mochila?"

Ponho a mão sobre o fone. "Onde você procurou?"

"Eu a coloquei perto da porta de entrada."

Mordi a isca. "Mãe" — Sinto o gosto do metal na boca, o anzol na língua. "Eu ligo depois." Quando estou no meio da escada, vejo a alça espiando pela porta do armário de casacos. "Ah, puxa! Está bem aí."

"Argh!" Ela abre a porta da frente, deixando entrar um forte raio de sol que ilumina sua cabeça. Mãe de Cristo Todo-Poderoso, aquilo é uma lêndea?

Antes que eu possa checar, as duas saem e a porta bate com força, fazendo a aldrava saltar, como o som cáustico do final de uma música do Black Sabbath. Elas levarão horas para voltar, outra oportunidade para sermos funcionais juntos, outro possível fracasso, outra tarde penteando à procura de piolhos.

Do outro lado da cozinha, Hershey choraminga perto de uma pilha de casca de ovos soltando o último resto de clara pegajosa no balcão. A gordura do bacon está ficando branca na frigideira. Eu não olhei no espelho, nem comi, e lá está Edward perto da porta, de banho tomado, barbeado e sereno, a mão na maçaneta.

"Está indo?", pergunto.

"Para o trabalho? Sim, eu vou para o trabalho."

"Bom para você." Dentro de quatro segundos, estarei sozinha nesta casa que há pouco estava tomada pela tensão.

"O-kay", ele diz.

Quando ele abre a porta, o ar de libertação em seu rosto, eu digo: "Está vendo essas bolas de pelo? Isso é o que farei quando você sair. Bem, primeiro, jogarei as cascas dos ovos; depois, ficarei de quatro e limparei os pelos do cachorro debaixo da mesa — com as mãos."

"Deveríamos comprar um aspirador Dustbuster."

A cachorra late. "Hershey!" Edward e eu falamos juntos. Ela late de novo. Edward olha para o relógio. "Você quer que eu dê comida a ela?", ele pergunta.

"Não, pode deixar." Eu detesto ser *essa esposa*, a chata desagradável e ranzinza para quem o Ed Bonzinho tem que se obrigar a voltar todos os dias. *Pare com isso*, eu penso.

"Ligo para você depois da reunião. A gente vai dar um jeito, Kelly", ele diz, referindo-se, eu acho, a tudo.

"Hum, hum" — respondo, libertando-o, observando-o sair, não acreditando nele, esse homem que concordou em pagar as filhas para limpar o cocô da própria cachorra.

Alimentei Hershey. Minha cabeça dói. Isso acontece muito pela manhã, porque, no final do dia, eu gosto de tomar uma bebida forte — tequila com limão, ou uísque com *bitter* — com Edward, mesmo que atrapalhe meu sono e, às vezes, a manhã seguinte também. Tomo três Advil e me largo na poltrona de linho desbotado de que costumava gostar, mas que agora se tornou a poltrona em que me sento quando não me resta mais nada, minha poltrona do olhar vazio, minha poltrona de jogar a toalha, minha poltrona do sofrimento. Tenho me sentado nela muitas vezes desde que Greenie morreu, voltando-me para Hershey em busca de consolo como a Sra. Judy garantiu que as meninas fariam, assistindo

Carpool Karaokes ou clips de Louis C.K., fazendo listas de coisas que tenho certeza de que não farei. Meus lábios se apertam, meu peito fica pesado. Sinto as lágrimas chegando. Eu as deixo, porque, quem se importa? Ninguém está aqui para ficar desencorajado ou desanimado pela fraqueza.

Estou tão cansada, que poderia adormecer. Quero ligar para alguém, mas o que há para dizer? Olhando para o telefone e pensando que eu poderia ligar para minha prima Kathy, dez anos mais velha do que eu e que sabe tudo sobre sofrimento e seus caminhos agressivos e imprevisíveis, vejo um monte de unhas cortadas. Ou são unhas dos pés?

Gente horrível.

"Meu Deus, Kelly, elas são *crianças*!", meu lado bom diz. Por que não posso ver as meninas como Greenie fazia? Seria tão difícil ajudar minha mãe com as milhas? E se Liz — minha querida Liz, que morreu aos 46 anos, que elogiei há menos de três meses — pudesse me ver passando descontrolada pela vida, enfurecida diante das faltas mais previsíveis, sem um grama de valorização por nosso bem-estar geral?

Antes de eu começar um ataque total contra mim mesma, a campainha toca. Um funcionário uniformizado e lustroso da UPS me entrega um grande envelope da J. Crew. Durante um recente ataque de procrastinação, agonizei durante vinte minutos em cima de uma compra online. Era só uma camisa, mas graças a um caso de um mês com os carboidratos, os tamanhos aumentaram, e quando se está vagando pela seção de liquidações, os riscos são altos.

Passo uma faca pela borda do envelope e tiro uma blusa de linho com uma fenda vistosa, acabada de sair da estação. A cor, um vermelho casual esmaecido, é até melhor do que parecia on-line. *Acertei em cheio,* digo para mim mesma. Pendurada no decote está uma etiqueta com uma mensagem ambígua: "Este item não pode ser trocado ou devolvido." Quem faria isso?

Subo as escadas, dois degraus por vez, largo a parte superior do pijama de Greenie no chão diante da cômoda, e ajeito os *velhos meninos* (termo de minha mãe) em um pequeno meia-taça. Enquanto aliso as dobras com as mãos, o corte não parece tão largo quanto eu gostaria, mas então, espere, estou dentro dela. A fenda é bonita, a barra chega aos quadris, mas no centro, ele me aperta. Olhando por sobre o ombro no espelho, posso ver o contorno do sutiã, incluindo as três fileiras de colchetes de ganchos. Estendo a mão e o puxo pelo decote, mas o bojo de tamanho médio fica firme. Tento levantá-lo devagar. Não dá certo.

Muitos minutos mais de contorções trabalhosas e obscenidades não me levam a lugar algum. Parece que usarei essa blusa debaixo de tudo, para sempre. Como um espartilho.

Só há uma saída.

Pego uma tesoura de trabalhos manuais das meninas para usá-la como As Mandíbulas da Vida, e corto a blusa de alto a baixo. Estou furiosa com a J. Crew, com essas filhas, com esse marido, sem mencionar a mulher maluca de rosto vermelho no espelho para quem eu realmente rosno, parando só quando vejo duas mulheres, vizinhas, passando abaixo de minha janela com seus maravilhosamente comportados cães.

Amasso a peça destruída com sua embalagem plástica e a enfio no fundo da lata de lixo para nunca mais ter que vê-la. Visto uma das camisetas de Edward por cima da cabeça. É folgada e tem seu cheiro, uma combinação de Mennen Speed Stick, gel para os cabelos e seu cheiro pessoal com o qual me acostumei. Aos meus pés, a parte superior do pijama de Greenie, flanela xadrez com botões na frente, que usava ao morrer. Eu o levo até o nariz e o dia penetra em mim, o suco de oxicoco ácido intocado na bandeja, o hálito azedo de um homem que não conseguia comer, a menta do protetor labial que eu sempre passava em seus lábios e um traço risível de Corega. Isso faz com que ele pareça vivo, como eu, Edward e Hershey, e então ele morre de novo, exatamente naquele momento, e abaixo a cabeça.

Sem realmente escolher, estou de volta à cama. Hershey recua alguns passos e então salta para meu lado. Os dedos dos meus pés estão frios. Enterro-os nos pelos macios do pescoço de Hershey e olho para a parede à minha frente. Há uma teia de aranha e um risco no rodapé onde o aspirador bate na parede. Não limpo direito. Isso importa? Estou decepcionando as pessoas? Onde estão os panos de limpeza? Talvez eu precise de um emprego em um escritório. Um chefe que me diga o que fazer. Eu detestaria, mas, pelo menos, saberia onde estou e a que horas chegar.

Preciso ir ao banheiro, o que me coloca diante do espelho de aumento. Estou com 50 anos e não descobri um modo de não notar isso. Surgiram manchas de idade, aparentemente algumas novas todas as semanas, incluindo uma na ponta do meu nariz que *está pertinho* de se tornar algo para o qual as pessoas não poderão deixar de olhar. Quando sorrio, fico com rugas *nas bochechas*. O café, item não negociável, está deixando meus dentes escuros como os de um fumante.

Antes de me sentar no vaso para fazer xixi, carrego minha escova de dentes elétrica com Sensodyne Pro-Esmalte e começo a limpeza de dois minutos. A pasta de dentes para idosos arde nas gengivas enquanto enche os espaços sobre os quais um dentista condescendente me advertiu anos antes. *Ah, Droga,* penso, revirando os olhos. Claire tem consulta marcada no ortodontista hoje à tarde. Terei que buscá-la cedo. Por que Edward nunca precisa levar ninguém ao Dr. Kasrovi? E por que tantas consultas, afinal? Eles não podem combinar algumas em uma só?

Por que estou tão zangada com todo mundo?

Borbulhando de alguma fonte da memória, vem a frase "As coisas são *assim*".

Isso é o que Will gostava de dizer. Will, o cara da meditação do escritório de Edward, Will que tinha respostas interessantes para perguntas difíceis e não usava sapatos. Faz um ano que o vi e ainda não tenho absoluta certeza do que ele quis dizer com *As coisas são assim*, mas tenho pensado nisso como *As coisas são assim, para cima e para baixo, boas e ruins, portanto, não se preocupe, porque é assim para todos e* deve *ser assim.*

Conheci Will quando costumava escrever em um canto ensolarado do escritório de Edward — um país das maravilhas de mesas ajustáveis e espaços para cochilos, estoque ilimitado de kombucha e burritos. Quando o chefe de Edward generosamente me ofereceu uma mesa vazia e me recebeu para participar de todos os benefícios dos empregados, incluindo sessões de mindfulness com Will, eu disse *Amém, irmão.*

Will tinha aproximadamente a minha altura, olhos claros e boa postura. Seu ritmo tranquilo e sua serenidade o tornaram a única pessoa com quem eu podia me comunicar nos dias em que minha cabeça não estava muito bem. Na maioria do tempo, eu entrava em sua aula, sentava sobre um bloco de espuma cinza e fazia uma versão mal-acabada de tudo que nos mandava fazer (respirar, observar, expirar) até tocar a campainha do Tibete que indicava que era hora de abrir os olhos e voltar às nossas vidas regularmente programadas. Às vezes, dependendo de como a classe se esvaziava, eu ficava mais um pouco, e conversávamos.

Certa manhã, depois que Will tinha nos conduzido por uma meditação sobre relacionamentos e conflitos, eu disse a ele: "Quando a merda atinge o ventilador em nossa casa, eu fico meio doida — tipo doida e *furiosa*." Ele nem piscou, então eu continuei: "No momento, até quando vejo os problemas se aproximando a longa distância, eu fico realmente *chocada*."

Ele assentiu. "A mente do ser humano tem uma característica muito legal, que é continuar esperando que nossas interações sejam diferentes."

Repita, Chefe com Meias. "Repetidamente esperar que as coisas fiquem melhores do que *você sabe, por experiência*, que serão — isso é legal?"

"Eu acho. Mesmo que haja algum sofrimento. O que, certamente, acontece." Olhei para ele, curiosa, mas ele ignorou minha expressão. "Já estaríamos com problemas se desistíssemos da mudança, do potencial para o crescimento."

"Certo, então, quando eu agir feito doida com as pessoas, minhas filhas, por exemplo, simplesmente estou encorajando o crescimento pessoal."

"Aah, entendo." Ele já tinha identificado minha patologia. "Você tem a ilusão de que pode mudar o comportamento das pessoas."

Isso.

"Edward diz que eu tenho 'tendências de justiceiro'."

Will sorriu seu sorriso de professor de meditação. Ele gostava de Edward.

"Mas eu quero me livrar do choque. Adolescentes são malvados e temperamentais. Isso não é novidade. Maridos se atrasam, são ocupados e distraídos. Viva! Você bate em um carro estacionado, perde um prazo, perde o carregador do celular. Ah, tudo bem, tudo bem."

"*Ah, tudo bem.*" Ele parou para pensar. "Gosto disso. Isso é bom."

"Sim, eu também. Infelizmente, *Ah, tudo bem* geralmente sai da minha boca como *Filho da mãe.*"

Ele riu, e então, vendo que eu não estava brincando, disse: "É difícil aceitar as coisas *como elas são.* Muitas pessoas entram em guerra com a realidade." O que Will não citou, porque queria que eu chegasse lá sozinha, foi que o seu tipo de aceitação não era uma concessão sombria ou uma tolerância forçada. Ele não estava sugerindo que rolássemos no chão, mas, sim, que continuássemos rolando para a frente.

Eu já sabia disso. *A resistência é o caminho para uma úlcera hemorrágica,* eu tinha brincado com Edward. *A resistência é sofrer com permanentes repetições,* eu dizia em festas, sem pensar. *Só um tolo repreende os deuses por causa de estrias de gravidez e mau tempo e cunhados,* eu discursava para minhas amigas enquanto tomava um coquetel. Esse é metade do motivo pelo qual eu me entedio tanto: eu sabia tudo.

"Estar em nossas vidas como eles estão provavelmente é uma das lutas mais difíceis que as pessoas enfrentam", Will disse. "Há milhares de anos."

Ah, meu Deus, sou um clichê, pensei, imaginando se o Sr. Não Vai à Guerra com a Realidade ficou cansado de dizer a nós, inferiores mortais, a mesma coisa repetidas vezes.

Ali estava eu achando que era uma pessoa especial com Problemas de Pessoas Especiais que levariam muito tempo para ser diagnosticados e, talvez, até exigiriam novas formas de tratamento ou, pelo menos, alguns conselhos originais. Mas eu era todo mundo; uma banalidade que vinha circulando há *milhares de anos* deveria ser suficiente.

Terminei de fazer xixi. Puxo a descarga e torno a amarrar o pijama gigantesco de Greenie na minha cintura. Cuspo a pasta de dente na pia, enxáguo a boca e examino os dentes no espelho. Suavizo a expressão. Solto o ar dos pulmões. Consolo meu reflexo: *as coisas são assim, Kelly. É assim que funciona.*

Oculta nas frustrações da manhã, como uma cascavel em uma pilha de lenha, há outra coisa. Fecho os olhos para que eu possa ouvir essa coisa — a coisa distante e muito pior — no silêncio de minha própria mente.

A vida acaba. Sei disso desde o verão de 1972, quando uma ambulância se afastou em silêncio com a velha senhora que distribuía doces no Halloween. Mas agora vi a mortalidade abrir seus braços fantasmagóricos bem de perto — duas vezes —, e isso mudou o contexto de tudo. No novo zodíaco, sem Greenie, sem Liz, todos os termos foram recalibrados. Dor é agonia. O mal é fatal. A escala é reconfigurada, dificultando, para mim, conciliar o que vejo com como eu vivo.

Liz teria se submetido a uma semana de inibidores de bromodomínios agressivos no Cedars-Sinai por uma manhã de bolas de pelo, cascas de ovos e unhas cortadas. Para ver suas filhas se tornarem adolescentes gritando obscenidades uma à outra no corredor? Ela teria desistido de todos os órgãos em sua cavidade pélvica.

E então há Greenie, que teria dito que a vida é um parque de diversões: a música, as barracas de comida, as cartomantes e os homens fortes — *É mágico, querida!* Edward chamava Greenie de gênio da felicidade, mas pergunte a todos: ele era empolgado com a vida como ninguém. Isso não é só uma criança transformando o pai em herói. E eu? Eu caminhei ao seu lado à luz desse parque de diversões durante quase cinquenta anos, e então, em uma noite em fevereiro, a mão dele ficou imóvel na minha, e aqui estou, a mesma de sempre, exceto mais rápida para me zangar e 6kg mais gorda.

Não deveria a perda mudar as pessoas para melhor, para sempre? Talvez a frase curiosa de Will — *As coisas são assim* — também se aplique aqui. Esse esquecimento, essa passagem para a pequenez, essa irritabilidade e vergonha, esse sofrimento desorientador: *as coisas são assim*. As mentes não descansam; elas dão voltas, vagueiam, fixam-se e voltam e reconsideram, porque as coisas são assim, para quem tem uma mente. Os corações não ficam ociosos; eles se dilatam, contraem-se e se partem e perdoam e observam, porque as coisas são assim, para quem tem um coração. As vidas não duram; elas têm emoção, confundem-se, andam em círculos, transbordam e desaparecem, porque as coisas são assim, para quem tem uma vida.

Conte-me Mais

Fiz uma limpeza de pele recentemente. Não é algo que faço sempre, mas uma senhora gentil a quem prestei um favor me deu um vale-presente para um spa luxuoso com serviço completo em São Francisco. Sempre achei que limpezas de pele, que geralmente incluem alguns minutos de massagens revigorantes na cabeça e nuca no final, valem muito — e eu gosto muito de coisas de valor.

Levei 45 minutos para atravessar a Bay Bridge e outros cinco para estacionar em uma vaga em uma subida que testou meus freios de emergência. Mesmo assim, cheguei ao saguão na hora. Fui recebida por uma millennial linda, parecida com um androide, aparentemente muito descansada. O ar vibrava com os sons de flautas e harpas. A luz de uma vela perfumada — acho que era jasmim — tremulava no balcão. A recepcionista perguntou meu nome, e depois de consultar uma agenda feita com papel sofisticado, sua expressão se iluminou.

"Hoje você será atendida por Tish", ela disse. "Já foi atendida por ela?"

"Primeira vez."

"Que *maravilha*."

Vesti um roupão macio e me estendi em uma mesa de massagem confortável. A porta se abriu.

"Kelly", Tish disse com determinação, como se estivesse me esperando há anos.

"Oi", respondi.

Tish era uma mulher grande de olhos azuis, um peito generoso, os cabelos puxados para trás em um coque impecável. O rosto era rosado, como se tivesse acabado de se submeter a um *peeling* profundo. Quando se certificou de que eu estava confortável, ela começou a fazer o que esteticistas fazem, os dedos testando delicadamente o terreno que era meu rosto.

Eu me sentia relaxada, encorajada, imagino, pelos trinados dos kookaburras que acompanhavam o som do sitar. O nome Ravi Shankar me veio à mente, seguido pelo de Bruce MacDonald, um colega da faculdade, admirador fanático de Ravi. Senti uma onda de esperança; Tish e suas mãos zelosas mudariam meu rosto — possivelmente minha vida. Então me lembrei de que só um instrumento cirúrgico muda um rosto. Se óleos e géis exóticos fizessem diferença, qualquer pessoa que pudesse comprá-los ficaria com um aspecto melhor, e nós, não. Mesmo assim, a sensação era boa. Tish anunciou que o próximo passo era a "extração de pontos pretos", um termo clínico que soava cruel em comparação à sua voz de acalanto. Graças a uma enorme e bem iluminada lente de aumento que ela posicionou a poucos centímetros de meu nariz, Tish encontrou dezenas de poros obstruídos e imperfeições futuras para cutucar com seu instrumento de metal. Não pude evitar lembrar uma história da NPR de que todos nós temos ácaros — na verdade, artrópodes de oito patas — em todo o rosto, e imaginei que a lente de aumento mágica permitira a Tish ver os meus — comendo e se acasalando nas minhas faces e no meu queixo. Reprimi uma piada e dirigi meus pensamentos de volta a Ravi. E Bruce.

Durante os próximos quarenta minutos, Tish analisou as linhas e reentrâncias de meu rosto, as manchas de idade os e pés de galinha enquanto eu me perguntava o que tinha sido feito de Bruce MacDonald. Tish via o futuro de minha pele, e não era nada bom. Era seu dever me dizer o que aconteceria, e seu prazer me apresentar produtos que ajudariam a evitar o que poderia ser evitado.

Havia três motivos pelos quais eu era uma péssima candidata a adquirir as poções e loções caras que Tish tinha obrigação contratual em empurrar para mim. Sou muquirana. Sou preguiçosa. Sou impaciente. Isso me torna fã de pratos congelados, bonés de beisebol e vassouras mágicas.

Antes que ela desperdiçasse muito tempo comigo, senti que deveria lhe explicar minhas dificuldades em relação a dinheiro.

"Eu trabalhei em empresas sem fins lucrativos durante dez anos, e minha mãe era do tipo anticonsumista" — comecei a explicar o pano de fundo de minhas políticas econômicas, mas desisti. "Acontece que não sou de gastar. Eu faço compras, mas sei me controlar."

Tish assentiu. "Conte-me mais", ela pediu.

Suavizada por sua natureza sensível, falei: "Eu não tenho força de vontade. Quebro promessas para mim mesma cerca de sete vezes por dia, mesmo as mais insignificantes, por exemplo, fazer a cama todos os dias como uma demonstração de autodisciplina ou uma afirmação diária de que estou no controle de *alguma* coisa — mas não."

Ela assentiu. "Continue."

"Bom, estou trabalhando em rituais. Acho que isso pode ajudar." Mudei de posição para que pudéssemos nos ver melhor. "Sabe, se você colocar as pequenas tarefas do dia a dia no piloto automático e as fizer sem pensar, então terá espaço em sua cabeça para coisas mais importantes. Como quando Obama usa o mesmo terno todos os dias. Uma decisão a menos para tomar." Em todos os meus diários desde 1976, descrevi meu desejo de ser uma pessoa mais disciplinada. Depois de muitas tentativas fracassadas de reorganização pessoal, limitei minhas metas a uma: tomar uma ducha todos os dias. O hábito da higiene parecia ótimo em muitas mulheres que conheço.

"Rotinas são reconfortantes", Tish concordou.

"Exatamente. Assim, quanto à minha pele, se eu for me concentrar apenas em uma coisa, eu gostaria de fazer algo por minha testa. Não preciso de um espelho especial para ver *essas* rugas. Eu as vejo todos os dias na janela do carro. Quando estou no banco do motorista, lá estão elas, perfeitamente isoladas no espelho retrovisor, fazendo-me pensar que deve haver outra pessoas no carro comigo, alguém como a minha mãe." Ergui as sobrancelhas para que ela pudesse ver o problema em toda sua extensão. "É como uma estrada de oito faixas."

Ela sorriu. "Tem mais alguma coisa que queira me contar?" Eu me apaixonei por ela.

"A testa é o grande problema. Mas, como eu disse, não uso cremes noturnos e compro minha maquiagem na Target. Assim, levando tudo em consideração, existe uma coisa que você possa recomendar especialmente para minha testa?"

"Franja."

Ah, Tish, minha Tish com olhos de anjo e "ouvidos de ouro"! Ninguém — nenhuma cabeleireira ou garçonete, vendedora ou operadora de caixa, nem meu marido, e muito menos minhas filhas — prestou tanta atenção em mim, ninguém me ouviu como você. Eu a abençoo todas as vezes que aparo minha franja desde aquele dia.

Recentemente, fiz *découpage* em uma cômoda de madeira velha e feia com tiras de papel artístico e imagens que recortei de revistas. Vinte ansiosos minutos depois, eu me dei conta de que não tinha recortes suficientes para cobrir o móvel todo. Mas e daí? Quando eu ficava diretamente em frente a ele a uma distância de dois metros, parecia perfeito. Depois, naquela tarde, em plena atividade, fui descoberta na cozinha criando o que *House Beautiful* [*Casa Cláudia*] chama de *parede de acento*.

Edward, sempre desagradável, franziu a testa e olhou para a lata de tinta aberta em nosso piso de madeira. "Ah, meu Deus!", ele disse, enquanto o marrom-raposa da Benjamin Moore pingava da colher de toranja que usei para abrir a tampa.

"Isso vai levar uns cinco minutos... E espere até você ver o que fiz lá em cima..."

"Nada leva cinco minutos, Kelly. Nada." Já tínhamos visto esse filme. Dali a um ou dois dias, eu acompanharia seu olhar até a lateral inacabada da cômoda ou um trecho manchado de marrom-raposa acima do rodapé. Com a bronca, eu balançaria a cabeça durante todo seu blá-blá-blá sobre *diminuir o ritmo* ou sobre *usar fita crepe para pintura*. Ele não entendia como meus projetos me animavam com a possibilidade de "eu poder fazer". Ele não via que cada tarefa que eu "terminava" me deixava atordoada com um sentimento de realização. Ele nunca seria capaz de reconhecer que, para uma mãe, a empolgação mais inatingível e arrebatadora é *consertar*.

Às vezes, sinto como se pudesse consertar qualquer coisa — até pessoas, até minhas filhas.

Agora que as meninas eram o que educadores e marqueteiros chamam de jovens adultas, ouvi dizer que isso sugere que recuemos e as deixemos cometer erros, que lhes demos "recursos". Mas ninguém está seriamente recomendando que abdiquemos do poder para os adolescentes, certo? Quer dizer, pense nisso. Seu córtex pré-frontal ainda nem está se comunicando com o resto de seu cérebro. Eles são escravos de suas amídalas, lutando ou fugindo automaticamente, sem o benefício da razão. Praticamente metade deles fica excitado durante aulas de cálculo.

Além da lógica discutível de se submeter aos instintos adolescentes, está o amor. O amor que conheço não espera para agir. Meu amor se manifesta. Pego bebês que estão chorando no colo. Entro na cama ao lado de pré-adolescentes mal-humoradas. Leio blogs sobre as dores do crescimento, a pressão acadêmica e a imagem do corpo. Encho o armário de remédios com almofadas térmicas, antiespasmódicos, palmilhas. E à medida que elas cresceram e se tornaram meninas malvadas, expondo seus piores lados, pairei perto delas, uma conselheira pronta, ansiosa. Por que não o faria?

Eu vivi isso. Eu tenho respostas. Eu posso salvá-las. Se ao menos elas viessem até mim! O que elas nunca fazem. A menos que seja depois das 22h30 ou quando estou viajando — por exemplo, para o reencontro de 25 anos da faculdade.

Eu tinha acabado de aterrissar no aeroporto de Dulles. Tracy Tuttle, minha colega de quarto do primeiro ano, foi me buscar.

Apesar de, muitas vezes, afirmar ter 1,80m, ela mede 1,83m, e graças ao seu metabolismo rápido como o de um coelho, é magra como Twiggy. Ela tem uma risada ótima e adora festas, música e jantares tarde da noite. Nós logo entramos em sintonia porque fumávamos os mesmos cigarros e assistíamos às mesmas novelas — na rede ABC, direto. (No final da semana de orientação, embora não partilhássemos nenhuma semelhança física, Tracy e eu ficávamos juntas com tanta frequência, que as pessoas começaram a nos chamar de Trelly, em vez de tentar descobrir quem era quem.)

Joguei minha mala com rodinhas no banco de trás de sua minivan e me preparei para o trajeto de duas horas até o *campus*, onde nos lembraríamos das competições de bebidas idiotas, da banda chamada White Animals, que adorávamos a ponto de chorar, e — graças ao encontro com os garotos do reencontro de cinco anos, que nos convidaram a jogar *beer pong* e nos acharam *adoráveis* — de nossa idade.

O trânsito na região de Dulles é horrível. Duas horas se transformariam em quatro, mas tínhamos muito sobre o que conversar: Tracy estava vendendo sua imobiliária depois de vinte anos; nós duas tínhamos assistido a *Birdman*, então havia isso para decifrar; e éramos mães. Se costumávamos conversar a noite toda analisando as sutilezas de nossas interações com os irmãos da Lambda Chi, agora poderíamos conversar sobre a dinâmica familiar até a manhã.

Tracy disse que ela e Tom, seu marido, vinham discutindo recentemente sobre quando deixar os filhos começarem a fazer descobertas por conta própria. "Ele é super a favor que eles sejam independentes e resolvam os próprios problemas." Tracy queria concordar — recuar parecia muito bom. "Mas é impossível. É como vê-los montando um quebra-cabeças e ficando muito frustrados, enquanto você enxerga que a peça que falta *está bem ali*. Puxa, pense bem, quanto tempo você aguenta antes de entregá-la a eles? Mesmo que isso os faça se sentir idiotas. Mesmo que tire deles toda a diversão de completar algo por conta própria."

Admiti que não consigo ver as meninas subirem em uma árvore sem dizer onde devem pôr o pé em seguida. "Aguento ficar quieta por cerca de oito segundos. Quando elas me contam um problema — o que é raro, ficando cada vez mais raro —, consigo pensar em cinco coisas que elas poderiam fazer antes que terminem a primeira frase."

"Certo. Mas então, há toda aquela sensação estranha quando, metade do tempo, não é nem sobre o que elas dizem que é o problema. Então o seu conselho está totalmente errado, porque você não entende qual é o verdadeiro problema ou o que elas estão pedindo."

"Isso." Franja, não creme antirrugas.

"Ultimamente, tento fazer com que continuem falando, para me darem cada vez mais detalhes", Tracy contou. "Eu digo, *O que mais? Continue. Isso é tudo?* E enquanto eles estão falando, tento muito não interromper. Como recentemente, Billy tinha um técnico —"

Juro, antes que ela pudesse contar sua história, Georgia ligou, aos berros.

Já há algum tempo, Edward e eu concluímos que Georgia era a imagem da confiança, a ponto de questionar tudo. E em certos círculos, ela era mesmo — por exemplo, no círculo de nossa família. Conosco, ela se autodefendia ativamente, e muitas vezes vencia. Não tínhamos visto nenhum dos clássicos indicadores de problemas. Comer, dormir, fazer o dever de casa? Tudo perfeito.

Mas e na escola? Em um círculo de meninas do sexto ano? Lá, ela era tratada com indelicadeza, e não gostava. Assim, combine minha conversa desatualizada sobre ela, amadurecida à força quando a professora da pré-escola se referiu a ela como "determinada", com minha total falta de acesso ao seu eu escolar, e você entenderá por que achei que era uma ligação errada quando ouvi uma garota de 11 anos chorando no meu celular.

"Mãe, mãe, detesto o sexto ano! Não é justo e todo mundo mente", ela soluçou.

Preciso confessar uma coisa: acontece uma coisa terrível comigo quando minhas meninas choram, mais agora do que quando eram pequenas e eu podia me lembrar de que chorar era seu único meio de comunicação. Eu não gostava na época. Quem gosta? Mas, ajudada pelo que Edward chamava de um gole de sauvignon blanc gelado, como o servido no restaurante Red Lobster, todas as tardes, às cinco, eu conseguia. Agora? Um choro que indica sofrimento existencial? Uma possível crise de infelicidade? Solidão, desespero? Esse tipo de choro é mais ameaçador para mim do que um nódulo no seio. É como ser esfolada viva.

Com Tracy ao meu lado, pus Georgia no viva-voz.

"Todo mundo está se voltando contra mim porque dizem que eu fui malvada com a Piper, mas isso não é verdade."

Você deve ter dito alguma coisa, eu quis dizer. O boletim de Aptidões de Vida da escola mais recente enfatizava Responsabilidade Pessoal. Talvez, se eu pudesse fazer com que ela enxergasse o próprio erro, estaríamos mais perto de uma solução. Mas Tracy sussurrou: "Deixe ela contar."

"Conte o que aconteceu", pedi.

"Eu não disse nada, mesmo que a Piper tenha sido muito malvada comigo umas dez vezes!"

Tracy olhou para mim, com ar intrigado. "Repita o que ela falou", minha amiga disse movendo os lábios.

"Então todos estão zangados com você por ter sido maldosa com Piper, mas isso não é verdade."

"Isso!" Georgia respondeu. "E ela foi maldosa *comigo*!"

Tracy assentiu. *Faça isso de novo.*

"Piper foi maldosa com você e você está sendo criticada por ter sido maldosa com ela."

"Sim."

Tracy moveu a mão no gesto inconfundível de *Continue*, então falei: "O que mais?"

"Você se lembra do Natal, quando Jackie foi maldosa com Emma?"

Eu disse que sim, apesar de não me lembrar (e não conseguia, naquele momento, lembrar-me de Emma).

"Ninguém ficou zangado com Jackie."

Cyrano de Bergerac me passou outra frase: "Então ninguém se zangou com Jackie."

"Ninguém!"

Como Edward cuidaria disso?, eu me perguntei. Não "remoendo o problema", tenho certeza. Seu método padrão era abafar o drama com *Calma, calma, tudo vai dar certo*, e então começar a distribuir balinhas.

Tracy disse baixinho: "Isso parece muito injusto", o que me lembrou de meu amigo Paul, que certa vez me disse que, em festas, sempre que alguém lhe conta o que faz na vida, ele responde, *Isso deve ser muito difícil*, e sempre, não importa o que eles façam, eles dizem, *Ah, é mesmo*. Ele começou a fazer isso por ser tímido e precisar que a outra pessoa puxe assunto, mas continuou fazendo isso como um tipo de serviço público. Todos adoram o Paul; eles não sabem bem por quê, mas acho que eu sei.

"Você deve se sentir muito injustiçada", falei.

"Verdade". A voz de Georgia já estava mais firme.

Supus que tínhamos esgotado o assunto, mas eu queria que Tracy percebesse que eu estava entendendo, então perguntei: "Tem mais alguma coisa?"

Georgia praticamente atravessou o telefone. "Todo mundo está protegendo a Piper, mas quando eu preciso de proteção, ninguém quer saber! Por que ninguém fica do meu lado?"

"Isso deve ser horrível e perturbador, como *Por que sempre sou tratada de um jeito, e Piper, de outro?*"

"Isso mesmo."

Batendo no pisca-pisca, Tracy sorriu. Tive que admitir, perguntar mais e ouvir era muito mais fácil do que apresentar pensamentos reconfortantes e próximos passos.

"Espere, mãe. Onde você está agora? Você já chegou a Richmond?"

"Ainda não. Falta mais ou menos uma hora. Uma banda vai tocar hoje à noite." Abri uma lata de Pringles.

"Ah, que bom! Preciso desligar. Divirta-se com a Tracy Tut Tut", ela disse antes de desligar.

"Isso foi mesmo inacreditável", eu disse, oferecendo as batatas para Tracy.

"Você sabe que está fazendo a coisa certa quando ouve *isso mesmo*", Tracy falou. "Agora, o truque está em fazer isso sempre. O que não deve ser tão fácil, já que, se fosse, todos os filhos de terapeutas seriam perfeitos."

Resolver o problema de Georgia, o que tinha parecido simples, era improvável e podia desmoralizá-la. A empatia era o segredo.

Aprendi algo mais: a situação, que eu tinha começado a menosprezar como uma habitual lenga-lenga adolescente, era interessante, e foi fácil me colocar no lugar dela. Eu não me importava com Piper e Jackie ou com o que tinha acontecido no Natal com Emma — mas sentir-se ignorada? A pontada da injustiça? A busca do lar, da segurança? *Isso* eu entendia.

Certa vez, Edward e eu tivemos uma ótima conversa (tínhamos algumas, de vez em quando). Eu lhe contei como, quando estou sentada no banco da frente de um táxi, o que faço quando está ventando muito e corro o risco de ficar enjoada, acabo ouvindo coisas interessantes e loucas. Como, em um trajeto de 45 minutos de Big Sky para o aeroporto de Bozeman, conversei com o motorista chamado Matt. Ele era agente florestal durante o dia e fazia corridas no aeroporto de noite para ganhar um pouco mais, a fim de ajudar em sua mudança para a Tailândia, onde ele iria no final do ano para assumir a plantação de seringueiras dos sogros. Em janeiro, Matt estaria gerenciando 9 mil seringueiras a oeste de Bangcoc. Eu lhe perguntei se ele sabia cultivar seringueiras. "É fácil. Você corta uma fenda no tronco, prende um balde embaixo e assiste o dinheiro pingar para fora." Quando liguei para Edward para lhe contar de minha viagem, ele me lembrou de um jantar de negócios, anos antes, em que se sentou ao lado de um pequeno homem mais velho vestindo um blazer grande demais para ele. A noite não parecia promissora. Edward estava entediado. Ele me enviou uma mensagem por sob a mesa: *Isso está horrível*. Então alguém mencionou o Camboja. Edward perguntou ao homem se já tinha estado naquela parte do mundo. Sim, ele respondeu simplesmente. Tinha sido o primeiro lugar ao qual ele tinha estado depois de vários anos como prisioneiro político em Madagascar — 32 meses, uma cela, ratos por todos os lados. Edward se interessou. Uma pergunta levou à outra, e Edward descobriu que aquele homem a quem estava "amarrado" tinha sido campeão de boxe e judô, tinha registrado quarenta patentes e estava processando o Dallas Cowboys por usar seu projeto de teto retrátil sem permissão. George Clooney tinha comprado os direitos para filmar a história de sua vida.

"Isso faz você imaginar o que mais as pessoas podem lhe contar se você continuar a fazer perguntas."

O inverno em que meu pai morreu foi o terceiro pior na história da Filadélfia. Caiu um metro e meio de neve em dois meses. Eu tinha viajado para casa no Dia de São Valentim, depois que uma tomografia revelou um câncer ósseo metastático que Greenie tinha imaginado ser uma lesão do manguito rotador.

Pela primeira vez em 25 anos, cheguei à Filadélfia e ninguém estava me esperando. O trajeto de táxi foi frio e silencioso, exceto pelas últimas orientações. "Minha casa", eu disse, "é a última da rua, no beco".

Instalado em uma poltrona junto ao fogo, Greenie estava usando uma blusa de gola rulê, um suéter de lã, uma jaqueta, ceroulas, calça de moletom, dois cobertores e, em algum lugar debaixo disso tudo, uma almofada térmica cujo fio eu via estendido para trás. Ele pesava 60kg, o que antes era perto de 90 em seus melhores dias. Ele estava pálido, as faces encovadas, fazendo seu sorriso largo ainda mais proeminente do que sempre tinha sido. Eu lhe dei vários beijos na cabeça, alisando seus cabelos brancos brilhantes entre um beijo e outro, deixando o choque percorrer meu corpo. Eu sabia que ele não conseguia comer bem, mas não estava preparada para vê-lo naquelas condições.

Depois de colocá-lo na cama naquela noite, minha mãe explicou que ele descia uma vez por dia para sentar-se junto a sua nova lareira a gás que era acesa com o controle remoto. Ela também disse que as dores podiam ser terríveis — o câncer, que tinha começado muitos anos antes na bexiga, surgiu na omoplata direita e se enraizou em vários pontos ao longo da coluna. Mesmo assim, durante as quatro ou cinco horas em que estava acordado, minha mãe contou, ele era o homem de sempre, ou seja, um otimista.

Durante essa primeira semana, quando ele não estava em seu lugar junto à lareira, minha mãe, meus irmãos e eu nos revesávamos em seu quarto, puxando uma cadeira para perto quando estava acordado, apagando a luz, quando estava dormindo. Havia tão pouco a ser feito, tão pouco que poderia ser feito. Assistíamos a qualquer programa na ESPN, até boliche, e conversávamos sobre o basquete da Duke, lacrosse da Notre Dame, e se LeBron poderia resistir aos Warriors. Eu me sentia feliz por meu trabalho e minhas filhas estarem na Califórnia, longe demais para me afastar dele. Edward sempre dizia: "Fique. Estamos bem." Então fiquei.

Durante quatorze dias, limpei seus óculos de leitura e lhe mostrei fotografias no celular, ampliando-as para que ele pudesse ver os detalhes escondidos nos pixels, o que muitas vezes nos levava ao catálogo de pessoas espetaculares que ele tinha conhecido — os "grandes de todos os tempos", enquanto dizia seus nomes. Ao ouvi-lo falar de Jock Jankey e Noodles Nolker, ocorreu-me que se esse novo câncer o mataria, ele tinha se saído bem na maior promessa da vida: ele amou e foi amado na mesma medida.

Em uma de suas últimas tardes, eu estava ao seu lado na cama, debaixo do cobertor elétrico, segurando sua mão e ouvindo sua respiração. A casa estava em silêncio, assim como nós, até que ele sacudiu a cabeça. "Estraguei tudo, querida", ele disse. Pela primeira vez na vida, tive medo de ouvir o que meu pai diria em seguida. Ele tinha tido um caso? Enganou um colega? Esbanjou suas economias? Eu fiquei tentada a mudar de assunto, mas lá estava Tracy Tuttle no meu ouvido.

"Conte-me mais, Homem Verde."

Ele continuou, arrependido. "Eu deveria ter dado o nome de Jack Faber a um de meus filhos." Jack Faber foi o treinador de lacrosse de meu pai na faculdade. Greenie começou sua primeira temporada na universidade de Maryland, em 1948, o outono em que Harry Truman venceu o segundo mandato. O treinador Faber tinha morrido há dez anos.

"Greenie —"

"Querida, ele me salvou."

A família de oito pessoas de meu pai tinha dinheiro suficiente para comer e pagar a prestação da casa de três quartos e um banheiro na Clearspring Road, em Govans, Maryland. A mãe dele ganhava algum dinheiro a mais costurando; Cleta fazia um conjunto perfeito de lã de três peças forrado de seda em uma semana. Como muitas mulheres de sua época, ela guardava esse dinheiro em uma lata de pó de café vazia, como reserva para os dias em que o marido ficasse entusiasmado demais com as corridas de cavalos, ou no bar do hipódromo. Mesmo assim, eles não tinham o suficiente para pagar uma faculdade, quanto mais seis. As opções de Greenie depois do ensino médio eram as mesmas de seus irmãos: o exército, um emprego na área da construção ou uma bolsa de estudos esportiva.

"Jack Faber fez com que eu terminasse a faculdade."

"Você deu seu melhor — grande marcador, certo? Você foi ótimo com ele."

"Não. Não no começo. Você não sabe. Quase perdi a bolsa. Ele quase teve que tirá-la de mim. Eu não a levei a sério. Eu não lhe dei *valor*. Eu estava prestando muita atenção em Betty Sues. Ele me chamou ao seu escritório e disse: 'Corrigan, vou tirar sua bolsa', eu disse. 'Você não pode. Por favor. Minha mãe... isso vai matá-la. Eu faço qualquer coisa.' Ele disse que eu tinha um mês para melhorar as notas. Ele disse: 'Escute bem, pois é assim que você vai fazer: assistir a todas as aulas, todos os dias. Eu quero você lá na hora, ou mais cedo, sentado na primeira fila, onde o professor não poderá deixar de vê-lo.' Querida, eu fiz exatamente o que ele mandou. E funcionou. Sem Faber?" Ele não conseguiu expressar como a vida teria sido. "Vou lhe dizer uma coisa: sua mãe... sua mãe não teria se casado com um fracote qualquer, que desiste sem lutar."

Sorri para ele, para sua vitória dupla, mas ele ainda estava agitado, procurando assuntos em alguma parte conturbada de sua mente. "Tem mais alguma coisa?"

"Roubei a cena no casamento."

"*Seu* casamento?"

"Sim." Seu ar era de desânimo. Ele respirou fundo. "Muitos padrinhos. Muitos brindes para mim." Ele tinha se casado com minha mãe em 1962.

"Pai, acho que está tudo certo." Se ele tinha sido um noivo negligente, tinha sido um marido atencioso. "Acho que ela já superou, Green." Nas últimas semanas de sua vida, criei um apelido para seu apelido.

"Não. Era para termos feito um 'jantar de ensaio'. Para tirar toda aquela turma dos Corrigan do caminho. Mas Hank e Cleta não tinham dinheiro para isso. Todos aqueles discursos foram empurrados para o dia do casamento, quando a atenção deveria ter sido toda para sua mãe."

Brindes demais? Isso pesava muito em seu coração, 53 anos depois, três dias antes de morrer? Ele olhou para suas mãos. Lutei para dizer aquele *Ei, ei, tudo bem* para ele. Ele suspirou. Essa história do casamento não foi tudo.

"Tem mais alguma coisa?", perguntei.

"Ah, querida —" Ele parou.

"O que foi?"

"Tommy —" Seus olhos brilharam com a lembrança. Tommy era irmão de minha mãe, que ela adorava; ele morreu com 40 e poucos anos, de câncer no cérebro. "Eu não fiz um bom trabalho para cuidar de seu tio Tommy. Não como deveria. Tommy era um cara especial."

Eu tinha 12 anos quando tio Tommy morreu. Lembro que ele sorria muito. Ele gostava de hóquei em lago e tinha pós-graduação em alguns cursos em Princeton. Ele trazia livros para meus irmãos, romances que ele achava divertidos ou úteis. Minha mãe confiava em sua opinião sobre política, investimentos e educação. Principalmente, Tommy a fazia feliz. Ela ficava mais à vontade quando ele estava por perto. Só alegria, nada de mau humor.

"Sabe, o pai de sua mãe era —" Greenie lembrou. "Ele era um cara inflexível, um verdadeiro Harry durão." Eu ri. Havia muitos personagens imaginários no repertório de meu pai: Timmy Sensível, Dr. Maluco, os Nojentos das Escolas Particulares. "Ele achava que os Corrigans eram um bando de bufões. Mas então Tommy — o garoto de ouro, o Sr. Ivy League — ele nos aproximou. Aos poucos, ele colocou toda a família do meu lado, até seu avô."

"Ele era ótimo, o Tio Tommy."

"Eu deveria ter ido visitá-lo mais vezes quando esteve doente. Ele gostava de mim. Eu o fazia rir, sabe. Ele gostava de toda essa coisa dos Corrigans."

"Mamãe sempre disse que vocês se divertiam juntos."

"Eu deveria ter ido mais vezes, ficado mais tempo. Eu deveria ter ido uma vez por semana." Sua voz era baixa, como se estivesse sussurrando para Deus, não para mim. "Devo muito a Tommy. Ele abriu o caminho para —" Ele apontou para o corredor, o quarto principal, onde minha mãe dormia. Tudo se referia a ela, sua mulher, que era responsável por transformar o que poderia ter sido uma vida insignificante em uma vida plena para todos nós.

Ficamos pensando nisso por algum tempo, e então ele me fitou, os olhos cheios de lágrimas.

"Então você sabe, querida, anos depois, quando o grande padre Reinfert estava morrendo —" Padre Reinfert era o padre da família Corrigan. "Ele os 'casou e enterrou' e, entre um e outro, batizou todos os bebês que recebia." Eu não sabia o que o padre Reinfert tinha a ver com Tommy, mas eu tinha aprendido a compreender os desvios nas conversas de meu pai. "Eu fui para Baltimore e me sentei em sua cama. Passei uma longa tarde com ele. Apenas conversamos." Ele ergueu as mãos e as colocou uma diante da outra para bater papo uma com a outra como bonecos de sombra.

"Que bom para você."

"Sim, e sabe de uma coisa? Depois que ele morreu, a freira que cuidou dele — qual era mesmo seu nome? Não lembro, mas ela me disse: *A sua visita foi muito importante.*" Ele se virou para mim, as faces molhadas. Com a voz incerta, ele disse: "Ela disse que foi muito importante para ele, querida."

"Claro que foi." Encostei-me a ele e sussurrei. "Você é um bom homem, Greenie." Deixando as lágrimas cair. "O melhor."

Depois de um minuto, entreguei-lhe um lenço de papel. Além das lágrimas, seu nariz também estava escorrendo de novo.

"Obrigado. Não posso — não para de pingar." E então um suspiro.

"Tem mais? Você pode me contar."

"Sabe, acho que isso é tudo." As profundas rugas de agitação entre suas sobrancelhas se suavizaram. Sua testa estava lisa de novo. "Acho que estou bem, querida."

Assentimos e apertamos nossas mãos, fechando todas as lacunas.

Eu Não Sei

Eu conheci Mary Hope, que atende por MH, na equipe de natação, em junho de 1978. Eu tinha 11 anos, e embora ela fosse um ano mais velha, não dava para adivinhar olhando para o peito dela. Igualmente lisas, tremendo nos maiôs de nylon, as alças presas nas costas com elásticos, estávamos em pé nos blocos de partida. Ela parecia simpática, mas eu fiquei na minha. MH era uma verdadeira nadadora. Ela usava uma touca de natação. Eu a tinha visto fazer viradas simples e nado borboleta. Eu, uma preguiçosa nadadora de peito, conhecia meu lugar.

No verão seguinte, no Acampamento Tockwogh da ACM em Chesapeake, lá estava ela de novo, de shorts de veludo cotelê cor-de-rosa da Op. Minha mãe tinha me enviado ao acampamento em um calção usado do meu irmão Booker, e naquele momento, eu a detestei por isso. MH acenou — ela até se lembrou de meu nome —, mas ela era uma Ute, e eu era só uma Chickasaw. Eu sorri e continuei andando, ainda insegura demais para testar a hierarquia.

Dez anos depois, mudei-me para a Califórnia, onde MH era a única pessoa que eu conhecia — se você puder chamar nadar na mesma piscina e ir ao mesmo acampamento de verão de conhecer alguém. Primeiro, eu só ligava para ela se tinha alguma pergunta específica — por exemplo, onde assistir ao show aéreo do Blue Angels ou conseguir um cartão de estacionamento. Mas ela foi generosa e abriu seu círculo social para mim, e depois de algumas sólidas noites em que nos encontramos na Union Street, passamos a conversar o tempo todo.

Não se engane, MH ainda estava à minha frente na escada da vida. Enquanto eu perdia a hora e comia cereais no jantar, ela trabalhava na Autodesk e tinha um plano de aposentadoria. Ela morava com o noivo, um amável motociclista russo chamado Leon. Ela tinha um cabideiro para casacos e um armário de arquivo. Ela depilava as sobrancelhas e era membro de um clube do livro. Eu me lembro de vê-la cozinhando certo sábado à noite, casualmente derramando azeite de oliva em postas de salmão enquanto falava sobre ter um "off-site" em Carmel, e pensando que ela tinha mais autoridade pessoal do que qualquer pessoa que eu já havia conhecido. MH tinha 28 anos.

Muitos anos se passaram. Na mesma época em que Edward e eu nos apaixonávamos, ela e Leon estavam se preparando para iniciar uma família. De nossos cubículos na cidade, sussurrávamos as novidades uma para a outra pelo telefone.

"Vou para casa com ele no feriado de Ações de Graças", contei.

"Paramos com a pílula", ela disse.

"Ele vem morar comigo."

"Minha menstruação está dez dias atrasada."

"Estamos noivos!"

"Estamos grávidos!"

Era o verão de 2000. O genoma estava sendo mapeado, Elián González se reuniu com o pai em Cuba, Al Gore seria presidente, eu estava recém-casada, e MH era uma jovem profissional avançando para o topo, agitando-se por São Francisco com um segredo inovador. Era a vida em ação em todos os lugares.

No final de seu primeiro trimestre, uma semana depois que ela viu o contorno em preto e branco de seu bebê pela primeira vez, MH começou a perder sangue. Ela correu para o médico. Nenhum batimento cardíaco. Uma D&C [dilatação e curetagem] foi agendada para remover "o conteúdo do útero". A vida tinha parado de obedecer.

Seu obstetra lhe disse que seus óvulos não "eram ótimos", mas, mesmo assim, ela conseguiu engravidar uma segunda vez. Essa gravidez terminou com outra D&C logo depois que MH ouviu a batida do coração. Um segundo médico explicou a MH que ela era um "caso raro" em que engravidar e continuar grávida era uma situação conturbada. Mesmo assim, seis meses após a segunda D&C, ela engravidou uma terceira vez. Ela não contou a quase ninguém. Dez semanas depois, ela ouviu a batida do coração, e comemoramos ao telefone com cautela. "Será desta vez", eu disse. Oito dias depois, o transdutor do ultrassom cruzou seu abdômen em profundo silêncio. Seu médico atendia a tantas mulheres com problemas de fertilidade, que quando MH apareceu para a terceira D&C, ele não a reconheceu.

"Eu sinto como se a culpa fosse minha", ela disse enquanto tomávamos um chá na sua varanda dos fundos, em Marin, jogando uma bola de tênis para seu cão. "Não importa o que eu faça, não sou saudável o bastante." Ela tinha parado de tomar bebidas alcoólicas, caminhava uma hora por dia, dormia oito horas por noite. Fazia acupuntura e recebia massagens semanais. Ela me mostrou as manchas vermelhas nas costas, resultado de algo chamado ventosaterapia e que deveria melhorar algo chamado Qi [ou "chi", fluxo de energia]. Ela recebeu uma promoção. Finalmente, para eliminar todo o estresse possível, ela tirou uma licença do trabalho. Nada deu resultado. "Nada funciona e ninguém sabe dizer o porquê."

Depois de quatro anos de busca pela maternidade, MH conheceu uma nova médica, que ouviu toda a história e falou: "Quero dizer uma coisa antes de passarmos às suas opções médicas: você tem permissão de parar. Ninguém vai chamá-la de desistente." Esse foi um movimento decisivo. "Esse comentário, de que tínhamos permissão de parar, abriu espaço para pensarmos em outras opções", MH contou. Foi quando ela e Leon pararam de perguntar *por que* e começaram a procurar alternativas.

Eles consideraram a doação de óvulos. Em uma das primeiras consultas, ela recebeu um catálogo grosso de doadoras para analisar. Ela não tinha ideia do que pensar sobre o processo de seleção. "Quer dizer, cada doadora de óvulos tem uma saúde invejável, o que gera confiança. Assim, olho para todos os outros fatores. Devo escolher alguém parecido comigo? Ou alguém com quem eu *gostaria* de me parecer? Deveria considerar a faculdade que frequentaram, suas notas no ensino médio, em que time estudantil jogaram? Porque está tudo ali." Depois de um fim de semana prolongado em Napa, muita reflexão e alguma terapia, eles decidiram adotar.

Um advogado especializado em adoção disse à MH que o primeiro passo era criar um livreto de propaganda colorido de quatro páginas "Por que você?", que seria enviado a clínicas para adolescentes grávidas, hospitais do interior e repúblicas cristãs de estudantes nos Estados Unidos. Tirei centenas de fotografias de MH e Leon — de braços dados, na varanda, fazendo panquecas, passeando com o cachorro — e fui uma das muitas editoras que os ajudaram a espremer suas vidas para dentro de seis parágrafos campeões. *Comemos alimentos orgânicos e nos exercitamos regularmente. Temos pais legais e boa instrução e um quarto vago que será um lindo quarto de bebê. Gostamos de viajar, passar tempo com a família e ler. Trabalhamos muito, mas não demais.* No final de cada página, havia um número 0800, em negrito, ligado diretamente ao celular de MH. Enquanto Leon apanhava onze caixas de panfletos na Kinko's, selamos e endereçamos seiscentos envelopes de papel pardo.

As ligações começaram: chamadas de adolescentes que não estavam realmente grávidas e pediam dinheiro, de adolescentes que estavam grávidas e pediam dinheiro, de casais, como os namorados do ensino médio em Modesto que pediram a MH para levá-los a um jantar no Dennis e enviaram um e-mail mais tarde, dizendo que decidiram ficar com o bebê.

Dois anos mais tarde, depois da chegada de Georgia e Claire, MH recebeu a ligação de um hospital no norte da Califórnia. Era um domingo de sol, e ela estava fazendo a mala para uma viagem de trabalho para a Alemanha. Havia nascido uma menina. A mãe biológica tinha conversado com uma assistente social e verificado um fichário repleto de livretos apresentando ansiosos pais em potencial. A mãe escolheu MH e Leon. Eles nunca saberiam a razão. "Foi surreal", MH disse. "Eu não entendia o que estava acontecendo."

Quando MH e Leon entraram na UTIN, uma enfermeira chamada Carol, usando scrubs floridos e calçados vermelhos, olhou para MH e de volta para o bebê em seus braços e disse, com alegria na voz: "A mamãe chegou. Ela está aqui. A mamãe chegou." Carol encontrou um quarto privativo onde MH e Leon puderam segurar a filha pela primeira vez. Trêmula de incredulidade e encanto, MH me disse depois que só conseguia dizer *Oi... oi.*

A primeira vez que peguei Eliza no colo, ela tinha duas semanas de idade.

Fiz festa, fiquei maravilhada, e tentei palavras diferentes: Eliza era *um anjo, um milagre, um pedacinho de perfeição em um mundo lamacento*. Quando a chupeta caiu, ela soltou um grito que eu conhecia bem de Claire. MH riu e tornou a colocar a chupeta entre os lábios de Eliza. "Não sei quem é essa criança, mas até agora posso lhe dizer que ela sabe muito bem como conseguir o que quer", MH disse.

"Eu não sei quem é essa criança?" Georgia não passou um dia de vida sem que começássemos a descrever seus traços e comportamentos a vários membros da família. Declarações na ala da maternidade sobre os olhos da mãe e os dedos compridos do pai eram uma parte previsível e inocente da euforia, e uma forma de desmistificar o mistério à nossa frente. Nós reivindicamos o direito à criança que tínhamos feito. Ela era nossa, e cada pedacinho dela era uma possível referência a alguém de nossa tribo. Duas semanas depois, dizíamos frases sábias como *Ela é muito esperta* e *Ela adora ficar limpinha*.

Mas MH não tinha se transformado em mãe ao longo de nove meses. Ela não tinha massageado o ventre milhares de vezes, *adivinhando* seu bebê. Ela não tinha procurado a covinha profunda na face de Eliza ou esperado que sua filha herdasse a habilidade matemática do marido. MH e Leon tinham aceitado o chamado para criar uma criança, não a transformando em uma gratificante mistura de sonhos e biologia, mas permitindo que ela revelasse sua natureza com o passar do tempo, sem uma ordem específica, com voltas e recuos ao longo do caminho.

Doze anos depois, MH ainda diz: "Eu não sei quem é essa criança." Agora ela acrescenta: "Mas ela sabe. Ela sabe exatamente quem ela é. Eu só a estou acompanhando no passeio."

Eu não sei é uma posição bastante humilde a adotar como pai — humilde e astuta. Não consigo fazer o mesmo. Eu me agarro a alguma ideia sobre quem minhas filhas são e o que isso significa que serão, e, puxa, não gosto quando elas evoluem e mudam. Deus ajude a criança que adora participar de gincanas e passeios e cantorias e então passa a se recusar a participar das brincadeiras. Que pratica três esportes e então para todos para acompanhar as novas amigas Imogen e Jetta ao shopping. Que gosta de garotos e então gosta de garotas. Edward se lembra de que uma vez eu pareci realmente traída quando Georgia mudou de ideia sobre homus. *Mas você me disse que adorava homus!*

Na minha infância, meus irmãos eram os atletas da família. Eles eram bons em tudo: hóquei no gelo, touch football, golfe, lacrosse, e quase-esportes como dardos, boliche, bilhar, keep-it-up. Eu fui uma das duas meninas eliminadas da equipe de líderes de torcida, apesar de minha voz poder ser ouvida a um quarteirão de distância e o suéter branco dos Radnor Raiders cair bem naquilo que um garoto no ponto de ônibus chamou de *equipamento*. Foi então que dei as costas aos esportes e cultivei a identidade criativa a que me apeguei desde então.

Recentemente, uma colega igualmente criativa veio me ver na Califórnia. Anna e eu gostávamos uma da outra por vários motivos, um dos quais — eu pensava — era que ambas víamos claramente que se tratava da vida da mente ou da vida do corpo, nunca as duas. Nós falávamos de ficção contemporânea como algumas pessoas falavam de metas de frequência cardíaca. Mas então, enquanto eu não estava olhando, Anna encontrou um personal trainer. (Traidora.) Depois de um ano de pranchas e algo chamado burpee, ela tinha os braços de Michelle Obama e podia vestir qualquer coisa, até vestidos de *Lycra*.

"Cara, eu queria ter esses genes", falei, a inclinação deselegante de meus ombros escondida em segurança dentro de uma jaqueta estruturada que provavelmente me envelhecia dez anos.

Anna riu. "Essa só é uma história em que você quer acreditar."

Balancei a cabeça, devagar, como se estivesse realmente aceitando a ideia, enquanto pensava, *Que diabos ela está falando?* Será que ela estava tentando dizer que escolhi uma vida de protuberâncias? Que meu IMC não era algo a que eu devia renunciar? Aff.

Acontece que sou expert em simplificar questões complicadas. O fim de um casamento de vinte anos que pode exigir uma década de terapia para ser desconstruído? Não para mim. O ex da minha amiga era um *narcisista e um degenerado*, e ela, um *mulherão*. Posso resumir o inquietante estado de nossa democracia a um simples caso para a Suprema Corte. Eu me vejo promovendo todos os conceitos habituais: professores são santos que se sacrificam, administradores são burocratas e inatingíveis, mulheres se desculpam demais, homens são condescendentes, mães cuidam (enquanto realizam outras tarefas), pais são ausentes ou presentes, mas alheios. E não me faça falar de gateiros.

Meu único consolo: eu não sou a única que gosta de rótulos.

Quando tive câncer, *muitas* pessoas me atribuíram *muitas* qualidades ótimas. A história inteira é tema de outro livro, mas aos 36 anos, encontrei um tumor de 7cm no seio enquanto tomava banho. Uma semana depois da biópsia, fiquei sentada em uma poltrona reclinável por oito horas presa à mãe de todas as quimioterapias: adriamicina. Dez dias depois, meu cabelo tinha sumido. Careca, duas crianças com fraldas, eu era o anúncio que ninguém queria ouvir: doenças acontecem, inesperadas e sem serem chamadas.

Depois de algumas semanas, Edward e eu notamos uma coisa. Todas as conversas seguiam o mesmo padrão. O câncer era O Inimigo, o tratamento era A Jornada, e eu era A Heroína cuja responsabilidade era resistir aos naufrágios e combater os monstros marinhos, retornando da odisseia mudada e melhor. Era estranho quantas pessoas diziam uma ou mais dessas três coisas: *Você é muito corajosa. É um problema hereditário?* e *Que grito de alerta.*

Corajosa? A primeira vez que vi meu nome em uma maca, chorei feito um bebezinho. Depois de uma cirurgia ambulatorial de 45 minutos para implantar um cateter abaixo da clavícula para que as enfermeiras pudessem inserir uma variedade de quimioterápicos em meu fluxo sanguíneo, ouvi o cirurgião descrever Edward e eu como "muito emotivos". Alegrei-me com os avisos no hospital que diziam: *Não é preciso sentir dor. Deixe-nos ajudar!* Eu tomava uma dúzia de comprimidos por dia: pílulas para amolecer as fezes, diminuir a ansiedade e reduzir as náuseas. Eu aliviava com remédios aquilo que podia ser aliviado com remédios.

Quanto à questão genética, percebi que as pessoas esperavam que a doença estivesse na minha família — acho que porque, se os genes defeituosos não estivessem na família delas, significava que estavam seguras. Mas eu era, como quase 90% dos pacientes de câncer de mama, um mistério que tinha ocorrido espontaneamente, e quem quer ler essa manchete todos os dias?

Embora teria sido um final de história agradável se eu dissesse que o câncer me fez buscar novas prioridades na vida, não precisei de um *toque de despertar*. Tendo trabalhado para organizações sem fins lucrativos durante dez anos, eu estava muito desperta. Depois de passar parte da semana levando gerentes médios do

Citibank para visitar as habitações temporárias do bairro de Tenderloin, em São Francisco, seus lençóis começam a parecer muito macios. Quanto ao meu casamento, reprimi ataques de pânico sobre minha solteirice durante 24 casamentos. Eu ansiei por ele, não importa com quem fosse. Eu ainda estendo a mão para tocar o corpo de Edward à noite, só para ter certeza de que realmente funcionou. Minhas filhas? Internalizei histórias de MH e três outras amigas que enfrentaram endometriose, gravidez ectópica, ovários policísticos, esperma "preguiçoso" e esperma que nada em círculos. Quando fiz xixi naquele bastão e a linha apareceu, segurei-o junto ao peito e chorei. Mas quem pode censurar as pessoas por tentarem entender uma jovem mãe com a doença no estágio 3?

Depois de tentar alguns diferentes retornos ao *Você é tão corajosa* e *Que toque de despertar*, descobri que a melhor resposta era *em todas as vidas precisa cair alguma chuva*. Mas entre você e eu, tenho certeza de que essa coisa do câncer foi minha culpa. Eu fumei durante treze anos e bebi como se estivesse na faculdade durante uma década depois que me formei. Mesmo depois que essas informações se tornaram públicas, eu comi carne e laticínios repletos de hormônios de crescimento e sobras aquecidas no micro-ondas em potes de plástico. Eu tomava três Cocas Diet por dia e adoçava meu café com qualquer coisa que as corporações globais colocavam naquelas embalagens pastel nas mesas dos cafés. Eu ainda tenho uma barriga de Buda, apesar de muitas organizações de saúde terem liberado declarações detalhando a grande correlação entre gordura abdominal e câncer, e deliberadamente desconsidero o que sei sobre exercícios — quinze minutos na esteira no Nível 1 é a recomendação de *exatamente zero médicos.*

Entendeu como isso funciona? Eu fiz más escolhas, fiquei doente; se eu fizer escolhas melhores, ficarei bem.

Há pessoas excepcionais que podem viver com a complexidade das coisas, que ficam em paz com a incerteza e o desconhecido. Adoro essas pessoas. Eu me sinto segura com elas de um jeito que nunca poderia ficar com homens e mulheres de convicção contundente, mesmo que no jogo de influenciar pessoas, dizer *Eu não tenho certeza* ou *Mais ou menos* é praticamente o mesmo que exalar mau cheiro corporal. (Você se lembra de *Picardias Estudantis,* quando o Sr. Hand destrói Spicoli ao admitir que não sabe por que ele faz as coisas que faz?) Não entendo por que preferimos as respostas fáceis à honestidade intelectual. Só estou dizendo que não há cartazes administrativos inspiradores celebrando AINDA PENSANDO, e tive longas discussões com Edward que se resumiram a isso: alguém mudou de ideia e a outra pessoa não gostou nem um pouco.

Além de minha baixa dependência do prazer de me sentir segura, existe a incômoda sensação de que tenho o dever de saber. De acordo com minha pesquisa, o estado da Califórnia quer minha opinião sobre o futuro da ação afirmativa e as armas com carregadores de alta capacidade. E por que não quereria? Tenho diplomas de instituições consagradas. O Bank of America confiou a mim uma hipoteca de trinta anos, e o Alta Bates Medical Center me mandou para casa duas vezes, com duas crianças indefesas que se tornaram adolescentes que querem ouvir respostas *de mim*.

Minha amiga Sarah é uma pequena adorável, muito inteligente, que tem que ficar na ponta dos pés para distribuir os bons abraços que insiste em dar. Ela pulou o sétimo ano, foi para Harvard aos 17 anos e, como adora ciências e crianças, tornou-se pediatra. Ela viu tudo. Só na minha pequena família, ela diagnosticou meningite, pneumonia, vertigem e um horrível abcesso peritonsilar que exigiu ser lancetado.

Com um café preto e pãezinhos matinais no lugar de costume, Sarah me contou sobre uma consulta no dia anterior com um cliente preferido. Ela não pode usar nomes, é claro, então chama todos os meninos de Sam. Este "Sam" estava no quarto ano. Ele tinha uma risada rouca e falava "obrigado" muitas vezes. A "mãe", como Sarah a chamou, levou-o porque o professor de matemática disse que ele estava perturbando muito as aulas. A mãe tinha notado que ele lia devagar e tinha dificuldades em seguir instruções. A mãe consultou o WebMD, o Healthline e um site chamado Totally ADD [Totalmente TDA]. Não é de surpreender que a mãe tenha se convencido de que Sam realmente sofria de TDA.

"Entrei na sala de exames com Sam, e a Mãe estava ansiosa por um diagnóstico", Sarah contou. "O sobrinho tomava Ritalina e estava se dando muito bem." Sarah tinha filhos; ela compreende a necessidade de saber, e depressa. "Ela queria um plano, e não pude dar um a ela. Eu não podia dizer o que estava acontecendo com Sam. Talvez fosse uma fase. Talvez ele detestasse matemática, ou o professor de matemática, ou a criança sentada perto dele. A Mãe ficou muito frustrada — com a situação, mas também comigo. Era quase como se ela *quisesse* que o filho tivesse um distúrbio, ou até saísse com um diagnóstico errado, como se isso fosse melhor."

Sarah disse que a maior mudança em sua profissão é finalmente se sentir bem dizendo *eu não sei* e lidar com o previsível e compreensível desapontamento dos pais. "Isto é, eles querem respostas — eles estão prontos para agir —, e a web sempre tem a resposta. Dizer aos pais que passaram o fim de semana online se convencendo de um diagnóstico que você não *tem certeza* ou que *precisa de mais informações...*" Ela balançou a cabeça. "Mas você precisa, você precisa ter calma e fazer as perguntas certas, refletir sobre o assunto, continuar reunindo informações."

Em seu primeiro ano de profissão, Sarah viu o primeiro e único caso de SMSL [Síndrome da Morte Súbita do Lactente] no consultório. A criança, terceira filha, tinha quatro meses quando morreu durante o cochilo da tarde no primeiro dia na creche. "Visitei a família em casa uma semana depois", ela disse. "Eles tinham muitas perguntas. Há fatores que tornam a SMSL mais provável: mães com menos de 20 anos, mães fumantes, gêmeos. Mas nenhum desses fatores ocorreu com essa mãe, essa família." Ela parou para balançar a cabeça, lembrando. "É o mesmo com suicídio, quando não deixam um bilhete", Sarah disse, fazendo-me estremecer. "Em algum ponto, o motivo não importa. A família precisa parar de fazer perguntas e enfrentar a dor. Chegar a esse lugar pode levar muito tempo."

Eu me lembrei de minha prima Kathy. Seu filho, Aaron, morreu em um acidente de carro; ele entrou no carro errado na noite errada. Kathy tinha estado com ele antes naquela noite. Ele pretendia se divertir em uma festa depois do jantar. Ela não gostou do aspecto do céu. As estradas estariam escorregadias. Ela tentou mantê-lo junto dela, atraindo-o com seu charme e bom humor, duas de suas qualidades mais fortes. *Venha para casa com a mamãe, esses bobos estarão por aí amanhã, podemos assistir a um filme, comer pipoca...* Mas Aaron foi *para ficar só um pouquinho...*

"Talvez durante uns dez anos", ela me contou, "eu me perguntava, *Por que isso aconteceu?* Por uns dias, isso era tudo em que eu conseguia pensar." Ela disse que tentou uma dezena de histórias diferentes, mas nada se encaixava. Nada a convencia. Até que, finalmente, ela descobriu: aconteceu porque podia. Carros podem perder a direção. Carros podem derrapar, capotar e bater em árvores. O metal pode se retorcer, o vidro pode se quebrar, o teto pode se amassar. É um carro, é um corpo, objetos físicos com propriedades físicas que obedecem a um mundo físico. Enxergar isso com clareza, aceitar toda essa realidade, fez com que ela se consertasse por dentro, facilitando, finalmente, a tarefa de respirar.

Há perguntas e Perguntas. No domínio de Deus, percorri todas as casas do tabuleiro: fui uma crente obediente, secretamente esperançosa, aberta, mas insegura. Eu me afastei inteiramente, só para virar e voltar. Hoje, só posso dizer o seguinte: não sei o que pensar sobre Deus, seja aquele que me foi apresentado por detrás do altar de mármore durante a infância, ou as muitas ideias relativas a Deus que me foram oferecidas desde então. Sei que amo muitas pessoas religiosas e vibro com uma gratidão que busca um abrigo e me pergunto sobre as maravilhas que vejo ao meu redor e sinto dentro de mim. Mas não tenho certeza de nada. Eu não *sei*, não como meus pais.

Ambos cresceram em Baltimore nos anos de 1940, quando as dúvidas não existiam ou não eram discutidas. Peixe às sextas-feiras, a inevitável santidade de Madre Teresa, a estonteante promessa do paraíso, onde você poderá estar com sua família para sempre — feito e consumado.

"Querida, o que eu posso lhe dizer? Era uma época mais simples", meu pai disse quando lhe perguntei sobre a fé da família. "Todos que conhecíamos eram católicos. Estávamos cercados por pessoas religiosas."

"Não ousaríamos questionar isso", minha mãe acrescentou. "E nem queríamos."

Quando criança, eu me movia com tranquilidade pelo catolicismo. Claro, havia palavras que eu dizia na missa — santificado, apostólico, transgredido — que eu não entendia. Sim, eu ficava confusa se *Hosanna* se referia a Jesus ou a Deus ou alguma terceira figura que também mereceria alguma medida de louvor. E, é claro, eu ficava chateada por meus irmãos terem permissão de carregar pequenos jarros de água benta para o padre enquanto as meninas, bobas e desajeitadas, eram relegadas aos bancos da igreja. Mas eu adorava o gosto da Comunhão, o cheiro do incenso, o som do órgão, a parte quando todos apertavam as mãos e diziam "Que a paz esteja convosco". E, bem, garotos iam à igreja.

Os melhores iam à missa das 11h15 na St. Katherine. Ampla, de tijolos, St. Kitty, como a chamávamos, ficava em uma esquina em Wayne cercada de postos de gasolina. No interior, o altar não estava em uma extremidade, mas, sim, no centro, o que significava que eu podia examinar a multidão, em toda a volta, à procura de Charlie Ryan, Andy Sheehan e o mortalmente lindo Kenny Graves. Cabelos castanhos volumosos com reflexos cor de mel, faces rosadas, uma pinta perfeita ao lado do sorriso maroto, piadas ótimas: Kenny era demais. Sua irmã mais velha, Leslie, era a favorita dos irmãos Corrigan, então muitas vezes eu podia acompanhar o olhar de GT ou Booker para encontrar meu prêmio. Eu passava a missa roubando olhares e coordenando minha chegada ao altar com a dele. Uma vez ali, estendia minha língua e abaixava a cabeça com recato, desejando fazer o Puro e Bom Kenny ter um tipo diferente de pensamentos.

Além da missa — semanal para meus irmãos e para mim, diária para meus pais —, o catolicismo ainda nos fazia duas exigências: a Quaresma e a Confissão. A cada primavera, além de fazer algum sacrifício na Quaresma, minha mãe nos levava para uma volta de uma hora no interior da igreja para absorver a história da morte e ressurreição de Jesus como representada em quatorze painéis esculpidos em mármore chamados de Via Sacra. "Isso foi o que aconteceu", ela dizia, como se os painéis fossem precisos como registros de um tribunal.

Quanto à Confissão, eu não esperava por ela ansiosamente, mas havia algo tranquilizador em me entregar a uma autoridade que sabia a diferença entre certo e errado e podia me livrar do mal. Dentro do confessionário, minha confissão padrão era praguejar e tirar dinheiro da carteira do meu pai, depois do que o padre Pat me mandava rezar duas Ave-Marias e três Pais Nossos. Pelo baixo preço de recitar mentalmente as orações, distraída, minhas contas morais eram pagas. Meu irmão GT preferia confessar diretamente. Isso significava se sentar diante do padre em uma cadeira dobrável de metal e olhar direto em seus olhos enquanto desfiava os mandamentos que tinha quebrado desde a última confissão. Eu não conseguia imaginar o que GT estava dizendo, mas sua interação pessoal indicava a certeza de uma crença que eu sabia não ter. Eu me lembro de abrir uma Bíblia encadernada em couro no banco da igreja em uma página em que se dizia que Adão tinha vivido 530 anos, e revirar meus olhos. Quantas outras Ave-Marias me seriam impingidas por revirar os olhos diante da Bíblia Sagrada?

Muitas vezes, perguntei ao meu pai de que ele gostava sobre ser católico; para mim era importante compreender. "Vou lhe dizer", ele falava. "Eu gosto do quanto é difícil, o quanto exige de nós. Ninguém mais tem a Confissão, querida. Ninguém mais tem missas todos os dias. Você sabe quantos pastores e rabinos matariam para ter uma congregação que aparece todos os dias?" Eu disse que esperava que nenhum. Ele riu. "Só estou dizendo que missas todos os dias é um padrão elevado. É algo especial."

Quando fui para a faculdade, não tinha tempo para missas. Os domingos de manhã eram engolidos pelas recapitulações de sábados à noite que começavam nos alojamentos e nos carregavam por um prolongado brunch de doces e bolos seguidos por uma tarde desintoxicadora de Cocas Diet e barras de chocolate na colina perto da biblioteca em shorts e camisetas da fraternidade. No primeiro ano, recebi uma carta de minha avó que dizia que, se eu ficasse triste ou confusa, deveria falar com Jesus como se ele fosse meu "melhor amigo". Mostrei a carta para Tracy Tuttle, minha melhor amiga humana. Rimos e dissemos que conversaríamos uma com a outra, mas, mesmo assim, guardei a carta. Eu gostava de pensar que entre Jesus, minha avó e Tracy, *alguém* estava me protegendo.

Perto do final do primeiro ano, eu me surpreendi (e à Tracy) escapando dos jantares de domingo para assistir à última missa do dia. Foi a única coisa que fiz no *campus* sozinha.

Na hora entre o jantar e a reunião obrigatória da república — quando a programação incluía questões essenciais como "camisetas da faculdade: magenta com azul-piscina ou azul-piscina com magenta?" —, eu entrava em um espaço de pé-direito alto e me tornava pequena. Eu adorava, não a conversa sobre Jesus, mas o incenso, o órgão, a comunhão de paz. Eu adorava completar a liturgia da missa de memória. Talvez minha religião fosse a nostalgia. Enquanto atravessava o *campus* após o culto, eu me sentia independente e confortada pela encantadora música interior que acompanha os hábitos da infância. Acho que eu estava começando o famoso "regresso à família" que, dizem, costuma ocorrer nessa época.

Uma década depois — uma década que envolveu trabalhar em empresas sem fins lucrativos, trabalhar como babá no exterior, escola noturna e preciosa pouca atividade religiosa — Edward e eu planejamos nosso casamento. Embora tivéssemos brincado com a ideia de nos casar em uma campina em Yosemite, eu sabia que acabaríamos na St. Thomas, uma capela de 150 anos com dois campanários a um quilômetro da casa em que passei a infância, na Wooded Lane. Para garantir a data, tivemos que completar algo chamado de Pré-cana, um período de orientação pré-marital sobre finanças, convivência, sogros, fé e quinze outros temas. O processo começou com um teste de resistência. Cento e sessenta afirmações com as quais deveríamos concordar ou discordar. *Confio no meu futuro cônjuge. Aceitamos pornografia em nosso casamento. A família de meu futuro cônjuge interfere em nosso relacionamento.*

Depois de comparar nossos questionários, fomos até um escritório modesto no subsolo da catedral de St. Mary, em São Francisco, para discutir cada afirmação em que nossas opiniões divergiam, uma conversa que levou 24 horas de orientação para ser completada. Guiando-nos por tudo isso, estava um monsenhor de 70 e alguns anos chamado John O'Connor, muito parecido com Steve Martin. Ele nos trouxe biscoitos em um prato de papel e chá de hortelã em copos de isopor. Ele ria de minhas piadas nervosas. Era humilde e sério, reiterando sua inexperiência com o casamento enquanto nos lembrava que tinha aconselhado centenas de casais nos últimos cinquenta anos. Não podíamos saber o futuro, era seu refrão, mas podíamos aprender a conhecer um ao outro — ou *continuar a conhecer um ao outro,* e isso protegeria nossa união. Eu o amava e me sentia amada por ele. A igreja estava investida na saúde de nosso casamento, e eu era grata por isso.

Em nosso casamento, no abril seguinte, o brinde começou com tio Jimmy, o mais alto e eloquente dos Originals, como minha prima Kathy chamava meu pai e seus irmãos. Jimmy disse algumas palavras gentis sobre a recepção, olhando para minha mãe, e então se virou para Edward para dizer que esperava que ele fosse melhor marido do que ele era jogador de golfe. Meus irmãos contaram algumas piadas sobre golfe. Depois, tio Jimmy chegou ao que interessava, que, eu imaginei, seria sobre Deus, mas, em vez disso, ele falou do respeito pelo desconhecido.

"Eu não sei se vocês ouviram isso no sermão, mas — Espere aí, está bem aqui", ele falou, procurando no bolso do paletó o bilhete que tinha rabiscado durante a cerimônia. "Vocês ouviram o que o padre disse? Ele disse: *A vida é um mistério a ser vivido.* Bem, eu sou um velho, vi muita coisa e sei que isso é verdade. A vida é um mistério a ser vivido. Então, Edward, Kelly, aqui vai um brinde ao seu mistério."

Nada revela crenças como as crises. No mesmo outono em que fui diagnosticada com câncer de mama, meu pai foi diagnosticado com câncer de bexiga. Meu pai recebeu a notícia pessoalmente; depois de agendar vários exames e agradecer ao médico, ele e minha mãe foram até sua capela preferida na Main Lane, St. Colman's. Minha médica obstetra me passou os resultados da biópsia pelo telefone. Deixei Edward me abraçar por um longo tempo, então tomamos uma Corona na varanda. Depois disso, abrimos nossos notebooks em busca de informações sobre carcinoma ductal invasivo. Eles o entregaram a Deus; nós o entregamos ao Google.

O câncer de Greenie e o meu estavam no estágio 3, mas ele estava mais doente. A localização das lesões ao redor da bexiga, combinada à sua idade, fez dele um caso mais complicado e menos promissor. Um dos médicos disse a GT com confiança que deveríamos "aproveitar esse ano com ele". Não podíamos imaginar Greenie morrendo. Não podíamos nem imaginá-lo passando um dia na cama. Ele parecia importante demais para morrer. E acho que ele era, porque nove meses depois, após duas cirurgias e uma combinação de quimio e radiação, Greenie estava praticando bodysurf na praia de Jersey e falando sobre jogar hóquei no lago no inverno seguinte.

Era um milagre, as pessoas diziam. Era, no mínimo, inesperado. Talvez até inexplicável, mas não para minha mãe, que sabia exatamente o que responsabilizar pela recuperação do marido. "Pessoas no mundo todo estavam rezando por seu pai", ela explicou — "no mundo todo", referindo-se principalmente a meu amigo Charlie, que morava em Moscou, e gostava muito de meu pai. Mas eu não tinha rezado por Greenie. Eu não acreditava suficientemente em Deus para lhe fazer um pedido e não queria ser — emprestando o linguajar do sexto ano — uma usuária que imaginava poder conseguir o que queria convenientemente cutucando alguém que geralmente esnobava.

Depois que meu pai se recuperou, conversei com Tracy Tuttle sobre a confiança de meus pais na oração e em sua crença de que Deus tinha intercedido em seu favor. Tracy não ficou surpresa, mas também não concordou. Em vez de louvar a inexplicável glória de Deus, ela disse, não podemos exaltar a engenhosidade dos homens? "Não é estranho como as pessoas querem se livrar de todo o crédito, como se fôssemos inúteis, como se não tivéssemos ideia de como cuidar uns dos outros ou de nós mesmos?" Em outras palavras, talvez não fossem as orações que tenham causado a melhora de Greenie — talvez fosse a habilidade com minúsculas tesouras criadas por engenheiros e manipuladas pelos médicos para remover nove tumores de sua bexiga. Ou toda a quimio. Ou o médico que acompanhou seu caso com atenção. Eu gostava da visão de Tracy sobre os fatos: enaltecendo as pessoas e seu trabalho duro e invenções bacanas.

Mas então, lembrei-me do urologista que nos tinha dito para nos prepararmos para o pior. Dez meses mais tarde, depois de declarar meu pai um homem saudável, o mesmo médico não soube explicar por "que cargas d'água" meu pai estava livre da doença. Podia eu glorificar um médico que deu de ombros e afirmou que a sobrevivência de meu pai era algo "totalmente imprevisível"? E entre esses dois polos, encontrava-se uma dezena de outras possibilidades.

Neste exato momento, é uma boa aposta afirmar que minha mãe está orando por mim e meus irmãos, que ela espera que herdem sua fé inabalável, mas têm maior probabilidade de se afastar com seu Buick azul-marinho e uma caixa do que sobrou do Chardonnay que ela comprou em uma promoção em Delaware. "Escute, Kelly," ela me disse uma centena de vezes, "a oração é poderosa.

Você deveria experimentar". O mais perto que chego das orações é agradecer com um aceno de cabeça por um abacate bonito e maduro ou uma dor que é aliviada ou uma professora de escola pública cinco estrelas como a Srta. McKuen. À noite, depois de ir para a cama e puxar as cobertas, às vezes penso: "Obrigada por esse homem ao meu lado e aquelas meninas no outro quarto." Não tenho muita certeza sobre a quem estou agradecendo.

Em cafés ao redor de Berkeley e Oakland, quadros de aviso comunitários gritam crenças — Tantra! Chi Nei! Meditação com contas! Há anúncios para seminários de fim de semana em que você pode pintar seu quadro da paixão, sua colagem da alma, seu manifesto de propósito. Certa vez, vi uma pilha de cartões brilhantes promovendo o Festival Internacional do Clítoris. Que maravilha! Quando vou para casa, na Filadélfia, vejo crucifixos de ouro ao redor do pescoço de minhas amigas da escola e passo por cartazes-sanduíche incitando-me a inscrever meus filhos no acampamento bíblico. Não descartarei tudo isso, tampouco ansiarei por isso, mas quem sou eu para julgar? E se *houver* algo entre, e em volta, e dentro de todos os sete bilhões de nós? Como Voltaire disse, "A dúvida não é uma condição agradável, mas a certeza é absurda".

Quando as meninas me perguntam sobre Deus, digo que as pessoas acreditam em todo tipo de coisa e ninguém sabe ao certo, inclusive eu, mas que tenho esperança em Deus. Eu lhes digo que existem coisas — seiscentas diferentes variáveis de ranúnculos, crianças-prodígio, altruísmo — tão envoltas em mistério, que me obrigam a duvidar. Edward lhes diz que ser pai foi a experiência mais espiritual de sua vida — ele não sabe explicar o motivo. "Vocês verão", ele fala.

Ao longo dos anos, ocasionalmente as meninas quiseram falar sobre o que ocorre quando as pessoas morrem. Eu digo que algumas pessoas acreditam que elas vão ao paraíso, um plano separado da existência em que Deus as segura na palma da mão. Outras pessoas dizem que os mortos ficam internalizados nas pessoas que são deixadas para trás. Edward diz que eles se tornam parte da terra e, assim, uma parte infinita do ciclo da vida. "Se vocês tivessem perguntado a Greenie", Edward falou, "ele lhes teria dito que o céu existe e, *puxa, vocês vão adorar*". Assim como se você lhe perguntasse por que eu melhorei, ele teria dito algo sobre como Deus queria que eu ficasse aqui, que Ele tinha grandes planos para mim. Quando contei a Greenie que estava melhor porque havia um antídoto, ou seja, quatro quimioterápicos, eles só riu e abriu seu largo sorriso cheio de sabedoria. "Ah, querida", ele disse, "Você não vê? O que você acha que faz um homem querer passar seus dias tentando curar o câncer?"

É isso que me impede de afastar a ideia de Deus de uma vez por todas. Se somos apenas animais sofisticados ou um acidente entre as eras do gelo, de onde vem nosso desejo de fazer o bem e sermos bons? Talvez seja um contrato social. Talvez seja reencarnação ou o superego de Freud. Não me pergunte. Qualquer certeza que eu finja ter é uma encenação para manter as tropas calmas e enfileiradas. Sozinha na barraca de campanha, com mapas espalhados na mesa dobrável, trabalho com o lápis na mão trêmula.

Não sei por que MH não pôde levar uma gravidez a termo ou como ela se tornou a escolha daquela mãe biológica no norte da Califórnia folheando as páginas da pasta de casais no "Por que Você?". Talvez ela gostasse de cachorros ou achasse que a infância russa de Leon era interessante? Talvez ela tivesse visto algo — uma predisposição — na atitude, nos olhos de MH? Não sei o que estou fazendo agora e o que minhas filhas precisarão desfazer, que lutas futuras meu modo de educá-las produzirá. Não sei por que dormi bem na noite passada e fiquei acordada durante uma hora e meia na noite anterior. Não sei quanto tempo passará até eu voltar ao hospital e não sei se estarei na cama ou sentada ao lado dela. Não sei se a startup de Edward explodirá ou implodirá. Não sei se todas as leis que tanto apoio instintivamente — controle de armas, aumento do salário dos professores, contraceptivos gratuitos — realmente resolveriam os problemas com que me preocupo.

Eu tento ser uma das pessoas excepcionais que podem viver com a complexidade das coisas, que estão em paz com o desconhecido e o incompreensível, que deixam todas as jaulas abertas. Eu digo a mim mesma: *Há tanta coisa que não sabemos, não podemos saber, nem nunca saberemos.* Peço a mim mesma para parar de forçar narrativas. Eu me lembro, repetidamente, que a vida real não se adapta — ou o faz, cedendo com perfeição à sua ideia do que é certo e justo e bom, fazendo-o acreditar (de novo) em uma lógica que depois se esclarecerá.

Faça o seu trabalho, eu digo a mim mesma. E depois? Encontre um pedaço de grama, sente-se e abrace os joelhos junto ao peito e deixe tudo que sempre lhe disseram e tudo que você viu se juntar em um show só para você, seu próprio desfile incrível de existência, seu próprio poema épico de 12 mil linhas. A grama fazendo cócegas em suas coxas, o céu se movendo acima de você, azul ou sem sol, ecos de uma homilia ou um brinde nupcial ou uma carta que sua avó enviou. Lembre-se de algo bom, ou de uma queimadura de sol cuja sensação lhe agradou, um restaurante de massas caseiras. Faça seu trabalho, Kelly. Depois, recoste-se. Descanse da luta de reduzir. Como o padre disse, a vida é um mistério a ser vivido. Viva seu mistério.

Eu Sei

Eu só poderei continuar se lhe contar sobre minha amiga Liz. Levei quinze anos para realmente conhecê-la, mas quando consegui, ela reconfigurou o modo como sinto a vida.

Eu a conheci em uma casa noturna em São Francisco, no final dos anos de 1990, quando Edward e eu fazíamos coisas excitantes como ir a casas noturnas em São Francisco. Uma banda de funk de quinze integrantes chamada Super Booty estava tocando sucessos dos anos de 1970 como "Ladies Night" e "Give It to Me Baby". Liz entrou de braço dado com Andy, o melhor amigo de Edward. Alta e magérrima em um minivestido de lantejoulas, gostei de seu estilo na hora; qualquer pessoa gostaria. Ela estava à vontade consigo mesma. Ela e Andy tinham vindo de Encinitas para um casamento. Quando a recepção esfriou, eles chamaram um táxi e foram até a Broadway para conhecer a nova namorada de Edward.

Percebi imediatamente que Liz era a protetora de Edward. Durante três anos, ela tinha sido seu apoio em questões que exigiam um ponto de vista feminino. Eles tinham viajado de carro até o lago Tahoe, passando dias na montanha e noites em um cassino de beira de estrada chamado Crystal Cave, onde perderam e ganharam no vinte-e-um com um crupiê chamado Ernest. Eles discutiam política e feminismo com jarros de cerveja Anchor Steam no The Dutch Goose. Ela tinha dado sua opinião sobre cada encontro ou namoro promissor; não aprovaria *a nova garota* sem um exame minucioso.

Infelizmente, não tive um bom desempenho naquela noite. Acho que tinha tomado alguns cosmos a mais — com todo aquele gelo, eles desceram com muita facilidade, e, naquela época, eu agia em cada sábado como se fosse o último. Além disso, minha roupa era ridícula. Eu usava uma minimochila. Ela estava em uma superpromoção na Nine West, e sempre que a usava, ocorria-me que o motivo de a loja a estar "dando" era o compartimento principal pequeno demais, tipo *ridiculamente* pequeno, como *é um baralho isso que você tem pendurado ao ombro?* Ainda por cima, não sou boa dançarina. Juntando tudo, nosso primeiro encontro não foi dos melhores.

Em um brunch na manhã seguinte, enquanto me enchia de cafeína para encarar uma ressaca Grau 5, e os rapazes discutiam algo chamado o EBITDA [acrônimo que significa Lucros antes de Juros, Impostos, Depreciação e Amortização] da startup de Andy,

Liz e eu conversamos sobre Costa Leste versus Costa Oeste (ela também tinha morado nos dois lugares) e faculdade. Eu tinha me formado em Literatura Inglesa na Universidade Estadual de São Francisco, e ela tinha um diploma de Políticas Públicas, da Duke. Ela era inteligente e bem informada; havia pouco que eu poderia dizer que a impressionasse ou surpreendesse. Quando a garçonete colocou uma pilha de rabanadas na mesa, começamos a falar sobre serviços de saúde. Enquanto Liz conduzia o assunto, eu assentia como se estivesse ciente do problema do atendimento nas áreas rurais. Eu nunca tinha ouvido o termo HMO [organização de manutenção da saúde] e não sabia a diferença, ou se havia alguma, entre Medicare e Medi-Cal. Edward contribuiu com algo sobre Reagan divulgar a ideia de que socializar a medicina era o início do socialismo em si. Deixei a mesa de barriga cheia e um pouco intimidada por suas opiniões sobre políticas públicas e o relacionamento fraterno com Edward. Antes de nos separarmos, ansiosa por deixar uma boa impressão, qualquer impressão, eu lhe contei a única piada que conhecia, sobre a criança que flagrou a mãe transando com o afinador de piano, e ela riu muito.

À medida que ficou claro que Edward e eu ficaríamos juntos para sempre, assim como acontecia com Edward e Andy, o mesmo ocorreu com Liz e eu. Passamos alguns longos finais de semana juntos, geralmente no casamento de outras pessoas. Eu continuava a admirar seu estilo e sua aparência; ela tinha a capacidade de variação de Linda Evangelista. Qualquer corte ou cor de cabelo lhe assentava bem — loiro até os ombros, castanhos, bem curtos.

Eu continuava a falar demais, e ela, de menos. Mas ela ria, e eu gostava de vê-la rir. E ela estava apaixonada por Andy de um jeito feminino que eu considerava cativante. Fora isso, mesmo depois de alguns anos, eu não tinha certeza se nossa amizade tinha algum potencial.

Tendo crescido em uma família de extrovertidos e carismáticos, eu achava curiosa, talvez até estranha, a escolha de Liz pela discrição. Ela ouvia mais do que falava, e fazia perguntas menos para entender a si mesma do que para ajudar você a aprimorar seu ponto de vista. Andy, que teria se dado muito bem com os Corrigans, tinha um estilo de conversa mais familiar. Além disso, contava histórias ótimas. A Nixon, empresa de relógios esportivos que tinha iniciado, estava decolando, e nenhum de nós, inclusive Liz, cansava-se de ouvir os detalhes. Tony Hawk concordaria em endossar a Nixon? Quando começariam a produzir relógios de mergulho? Como iam as vendas na Europa?

Depois de cinco anos, aqui está o que posso falar sobre Liz: ela tinha coragem para realizar viagens de férias para o outro lado do país, ir à mercearia no horário de pico com três crianças a tiracolo ou surfar no mês de janeiro. Só a vi de ressaca *uma vez*. E ela era dona de uma elegância cinética. Não se largava no sofá; ela pousava sobre ele. Ela não batia panelas; tirava-as do armário e as colocava sobre o fogão. Ela podia entrar e sair de uma brincadeira de pega-pega, apanhar uma caneta caindo no ar e jogar uma uva estragada na pia do outro lado da cozinha. Às vezes, quando sinto sua falta, tento me movimentar como ela, mesmo que seja só para guardar os mantimentos.

Com quatro filhos a tiracolo, duas meninas cada, nossas famílias começaram a tirar férias juntas — México, Colorado, Montana, Arizona. Liz deixava o planejamento das atividades adultas para Andy e eu, cujos interesses eram centrados em happy hours e pôquer. A atenção dela estava centrada nas crianças — coordenar cochilos e garantir que encontrássemos comida que elas realmente comessem.

Eu a observava em jantares de grupo e me perguntava o que ela realmente pensava sobre as coisas. Ao lavar a louça depois do jantar, tínhamos conversas de mãe — como encontrar o ambiente acadêmico certo para nossas filhas, ou se isso era exagero e deveríamos simplesmente colocá-las na escola pública mais próxima, como nossos pais fizeram. Falávamos sobre nossos maridos, seus trabalhos e o que achávamos que aconteceria em seguida em suas carreiras. Ela me contava sobre livros que estava lendo e as campanhas políticas que estava acompanhando. Mas, e as coisas de amor e angústia? Tensão no casamento e disfunção familiar? Nem um pio.

Quando seu filho Dru, o terceiro e último, nem tinha completado 1 ano, ela sentiu uma dor estranha e persistente no abdômen durante a ioga. Depois de alguns meses, sua melhor amiga, Jessica, insistiu que procurasse um médico, o que a levou a uma ressonância magnética que mostrou um tumor de 13 centímetros no ovário. Ela nunca melhorou. Ela lutou em vários estados durante quase sete anos. Vinte e cinco médicos. Vinte e três tomografias. Quatro cirurgias. Dois ensaios clínicos. Oitenta e oito sessões de quimioterapia. *Oitenta e oito*! E uma dose de cetamina de um terapeuta compassivo que acreditava, corretamente, conforme se provou, que uma tarde em um estado alterado podia lhe oferecer alguma percepção e serenidade quando ela começou a morrer.

Certa manhã, quando fomos visitá-la, pedi para acompanhá-la à quimio, e ela concordou. Arrumamos uma mala com revistas, água e um gorro macio. Dirigimos até a clínica em sua minivan ouvindo os Foo Fighters. Quando chegamos, ela me apresentou a todos, como meu pai fazia. Jen, na recepção, Tara, no andar. Instalamo-nos em seu lugar preferido, junto à janela. Um enfermeiro chamado Jerry veio com os exames de laboratório; a contagem de células brancas no sangue parecia bem. Liz me contou que Jerry se casaria em três semanas e lhe perguntou como iam as contínuas discussões com o bufê. Ali, era uma versão diferente de si mesma — menos sendo atendida, mais no controle. Eu lhe disse a caminho de casa que ela me lembrava Greenie, pelo jeito com que se relacionava com os funcionários. Acompanhar os resultados da proteína no sangue e marcadores tumorais poderia ser tudo durante a sessão, mas ela não permitia. As enfermeiras ainda a interessavam — ela se alegrava com a vida delas, seus planos para um futuro brilhante.

Talvez um ano depois, fomos juntas de novo. Ela ainda era a paciente mais jovem na sala. Depois de assinar a papelada e iniciar a infusão, ela virou a cabeça na poltrona reclinável para olhar para mim. "Não conte ao Andy, mas acho que isso não está funcionado, Kelly." Enquanto eu digeria suas palavras, ela perguntou a Jerry como estava indo a vida de casado. Esse foi o primeiro grande segredo que ela me contou.

Passamos sete Dias de Ações de Graças juntos. O último começou do mesmo jeito que os outros seis: com coquetéis e uma produção original escrita e apresentada por nossos cinco filhos. O show de 2015, *Do Ponto de Vista dos Animais*, foi, na opinião dos adultos, o roteiro mais convincente já escrito, uma cativante reflexão sobre a empatia. Depois de fechar a cortina várias vezes, fizemos um cordão de bandeirolas de papel colorido — Bandeiras da Gratidão, nós as chamamos. Cada um recebeu um triângulo para decorar ou dedicar. Na mesa do jantar, passamos atrás de cada um, dizendo o nome de cada pessoa a quem estávamos agradecidos por ter encontrado naquele ano; um novo técnico de beisebol; Lambchop, um vira-lata mestiço de poodle que Liz tinha levado para casa para as crianças; um pesquisador fazendo um ensaio clínico no Arizona.

Depois do jantar, enquanto as crianças tiravam a mesa e Andy e Edward atacavam a louça, Liz se retirou para a cama. Ela tinha nos ajudado enquanto pôde. Eu a acompanhei e fiquei perto dela. Eu não estava com medo; já tinha feito isso antes.

Sabíamos que não duraria muito. O abdômen dela tinha sido drenado duas vezes na semana anterior, em ambas retirando mais de 10 litros de fluido chamado ascite. Greenie tinha passado pelo mesmo procedimento em seu último mês.

Fingimos que íamos assistir Viola Davis cuidar do departamento de polícia da Filadélfia em *Como Defender um Assassino*, mas depois de alguns minutos, Liz desligou a TV.

"Quero assistir à temporada do ano que vem", ela disse.

"Eu sei."

Ela me disse que não aguentava mais. Estava muito cansada, e a dor era insuportável. Ela disse que queria morrer em casa. "Bem aqui", falou, "nesta cama".

"Então vai ser assim", respondi.

Eu chorei e beijei sua mão, que era a única parte de seu corpo que não doía. Ficamos assim um longo tempo, chorando e nos fitando, até que eu disse em voz alta, pela primeira vez: "Eu vou sentir muito a sua falta". Eu disse que não sabia, na primeira vez em que dançamos ao som do Super Booty, que ela se tornaria muito mais do que a mulher do amigo de Edward. Eu lhe disse o quanto queria conhecê-la e que as conversas que tivemos ao longo dos últimos dois anos tinham sido as mais profundas e íntimas de minha vida. Eu lhe disse que ela era especial, interessante e diferente. Que ela era insubstituível. Ela disse que eu tinha ajudado, que eu tinha feito "um ótimo trabalho" sendo sua amiga.

Ela disse: "Obrigada, obrigada, Kelly." Eu disse: "Sou muito feliz por realmente ter conhecido você." E prometi que a manteria viva para seus filhos, que diria a eles tudo o que sabia sobre ela tantas vezes quantas quisessem, até que eu estivesse velha demais para falar ou fazer algum sentido. Antes de ir embora, as duas soluçando, segurei seu rosto e a beijei nos lábios três vezes.

Duas semanas depois, em 12 de dezembro, bem ali em sua cama, ela morreu.

Não muito tempo depois, fui a um evento de arrecadação de fundos em São Francisco para obter informações sobre uma organização sem fins lucrativos chamada Acampamento Kesem, para crianças cujos pais têm ou tiveram câncer. Edward tinha voltado para o leste a trabalho, então tive que ir sozinha.

O evento ocorreu em um clube obscenamente chique chamado The Battery. Um elevador de vidro levava os convidados à cobertura, onde um elegante barman com um enorme bigode nos recebia com um coquetel especial, que ele garantia ter sido feito com sua melhor tequila. Campistas adolescentes, notáveis por sua juventude e sinceridade, circulavam entre centenas de convidados, agradecendo nossa presença. Don Julio me aquecia por dentro. Deixei meu copo ser reabastecido antes do que talvez seria sensato.

O programa começou com um vídeo acompanhado por um hino bem escolhido e terminou com um pedido para que cada um de nós contribuísse de "nosso jeito especial". Eu estava sentada ao lado da diretora do acampamento, uma mulher persuasiva e muito culta, antes ligada à Bain Consulting, e antes que eu pudesse me impedir, sugeri contribuir como voluntária em um dos acampamentos durante o verão. Talvez eu pudesse dirigir projetos jornalísticos para as crianças ou escrever algo para ajudar o home office a representar a experiência para o mundo em geral. Ela me entregou seu iPhone e me pediu para inserir minhas informações em seus contatos.

Quatro meses depois, muito tempo depois de a noite mágica ter se dissipado, dirigi durante três horas ao leste, até Grizzly Flats, na Califórnia, onde 85 crianças e 51 conselheiros estavam passando cinco noites juntos nas cabanas de Leoni Meadows.

"Repita", Edward disse quando lhe telefonei do carro, "por que você não fez uma simples doação como qualquer outra pessoa?"

"Culpe Don Julio", eu disse, embora soubéssemos que se tratava de Liz e de encontrar um meio de ficar perto dela.

Em minha primeira manhã, no salão de refeições com café instantâneo e uma imitação de creme que espero nunca mais se aproximar de meus lábios, sentei-me na extremidade de uma mesa longa com um conselheiro, um jogador de rúgbi universitário gigantesco cujo apelido era Tiny [minúsculo]. "É aqui que as pessoas *entendem as coisas*", ele disse, cortando uma pilha de panquecas com a lateral da faca. "É como um enorme fosso de empatia. Primeiro, essas crianças sabem o quanto as coisas podem ser imprevisíveis. Elas estarão rindo em um minuto e chorando no próximo, e então, um segundo depois, estarão correndo para brincar." Tiny esticou o queixo na direção de duas crianças que estavam desenhando nos braços uma da outra com marcadores coloridos. "Ou se tatuando. Não há expectativa de uma progressão linear da agonia ao bem-estar. Ela anda em círculos. Ela é desleixada."

Uma conselheira de olhos castanhos com um rabo de cavalo no alto da cabeça pôs a mão no ombro de Tiny e passou a perna por cima do banco para se sentar. "Kelly, essa é Cookie", Tiny disse. "Ela é a encarregada desta semana."

"Oi, tudo bem?", cumprimentei enquanto ela apertava minha mão.

"Cookie se forma em junho", Tiny disse com orgulho. "Depois ela vai ser secretária de educação."

"Esse é o plano", Cookie respondeu.

"Estávamos falando de como as crianças são adultas", Tiny falou.

"É", Cookie disse, "elas são mesmo muito mais maduras do que as pessoas que vão à faculdade conosco". Tiny riu. "Você precisa ouvir as coisas que elas nos contam. Elas vêm com tanta coisa na cabeça, e então, ao longo da semana, quando se acostumam a não se reprimir tanto, você realmente fica sabendo de tudo..."

"Deve ser difícil saber como reagir."

"Na verdade, não falamos muito. Todas as crianças participam."

"Elas tomam conta umas das outras", Tiny disse.

"E nunca há *piedade*", ela completou, como se *piedade* fosse o pior palavrão que ela conhecia.

Acontece que, quando Cookie tinha 9 anos, sua mãe morreu de câncer no pulmão. Ela era professora do ensino fundamental e gostava de tênis. Eu disse que sentia muito, mas Cookie me fez parar.

"É por isso que adoro estar com essas crianças, ser parte disso." Ela olhou para o outro lado do refeitório. "Todos aqui sabem como é. Você sabe, quando sua mãe ou seu pai morrem, isso se torna a sua vida. E isso o consome totalmente, porque todos reagem a isso. O acontecimento motiva o comportamento *de todos* — seus orientadores, seus professores, seu carteiro. Você fica completamente isolado. Mas não aqui."

"Na noite passada, durante o Papo na Cabana", Tiny contou, "um dos meus garotos estava falando sobre O Olhar. Ele foi ao banquete de beisebol, e todas as mães ficavam lhe lançando O Olhar, como se sentissem pena dele, e ele só queria ser uma criança normal recebendo seu certificado como todo mundo."

"É", Cookie disse. Ela bateu no relógio. "Temos que ir. Estamos ensaiando uma batalha de comida às 10h no campo lateral."

"Crianças precisam ser crianças", Tiny explicou. "Principalmente essas crianças."

"Espere um segundo, quero apresentar Kelly a Lucy", Cookie falou, pondo a mão em meu braço enquanto olhava pelo salão, procurando entre dezenas de rostos. "Lá está ela. Lucy é um gênio."

Acompanhei Cookie até Lucy, uma menina de 12 anos com traços delicados e corpo de bailarina. Ela usava rímel e disfarçava uma pequena espinha com um pouco de corretivo. Ambas parecíamos estar usando todas as roupas que tínhamos trazido — uma nuvem densa sobre o vale dificultava a tarefa de ficar aquecido. Antes de Cookie nos deixar, ela me disse que Lucy queria ser veterinária.

"Ou pediatra", Lucy disse. Mais ou menos a mesma coisa, pensei.

Lucy e eu saímos e nos sentamos em um tronco, nossos pés estendidos à nossa frente na grama ainda úmida com o orvalho da noite. Logo, todo o acampamento estaria reunido ali para as saudações do meio da manhã.

"Então, essa é sua primeira vez em Kesem", Lucy disse, com a postura, a dicção e o orgulho de uma zeladora. "Este é meu sétimo verão."

Para descontraí-la, fiz algumas perguntas bobas, como "Se você fosse parar em uma ilha deserta, o que levaria?"

"Um barco?", ela retrucou, como se fosse uma pegadinha. Eu ri. "E um celular movido a energia solar e o relógio de meu pai", ela acrescentou, estendendo o pulso. Ela explicou que o usava desde os 5 anos, quando ele morreu de câncer no pâncreas. "Eles acharam que era uma gripe." Quando ele finalmente teve o diagnóstico certo, já era muito tarde.

Conversamos sobre seu pai, sua carreira longa e feliz na Napa Auto Parts, e o quanto ele gostava de música country.

"Ainda sinto falta dele, mas isso é normal", ela disse enquanto arrumava os cabelos em um novo rabo de cavalo. "Não tem um jeito certo de se sentir mal, de querer algo que não se pode ter. E não tem um jeito certo para se sentir melhor."

"Este é o relógio de *meu* pai", eu disse, arregaçando a manga para lhe mostrar o Timex de Greenie, comprado em uma farmácia. "Ele morreu em fevereiro." Ela passou o braço pelo meu como se não tivéssemos acabado de nos conhecer, pousando os dedos delicados no meu antebraço. "Minha amiga também morreu", despejei. "Nova, como seu pai. Tenho pensado muito nela e em sua família desde que cheguei aqui e vi todas essas crianças."

"As lembranças são estranhas. Como, por exemplo, alguém passar protetor solar do outro lado da sala e o cheiro — meu pai sempre passava protetor solar em mim, eu queimo fácil..." Ela parou de falar e então retomou seus pensamentos. "Ou cheiro de picles. Meu pai adorava picles."

"Eu quase chorei em uma reunião na semana passada", contei. "Um dos rapazes na mesa usava Old Spice, e parecia que meu pai estava atrás de mim."

"E sua amiga?", Lucy perguntou. "O que a faz se lembrar dela?"

"Tom Petty."

Nesse momento, quando os primeiros campistas desciam a colina para as saudações da manhã, a Lucy de 12 anos, que provavelmente não sabia a diferença entre Tom Petty e Ben Bernanke, correu a mão muito leve nas minhas costas e disse o que eu gostaria que todo mundo dissesse — não "sinto muito", mas "eu sei". Existe um caldo mais restaurador do que uma companhia?

Eu lhe perguntei se, entre as amigas, ela era considerada a mais sabida.

"Sim, eu sou." Ela abriu o zíper da jaqueta quando o sol finalmente nos atingiu.

Eu lhe perguntei se seus relacionamentos na escola eram mais superficiais do que no acampamento.

"Não superficiais, só — não sei — *limitados*", Lucy falou, surpreendendo-me com seu discernimento ou falta de julgamento, ao mesmo tempo em que eu me perguntava se *limitados* seria uma descrição neutra que ela tinha aprendido na terapia do luto.

"Não vai ser sempre assim", afirmei. "Tenho 50 anos. Nessa idade, quase todo mundo está quebrado. Minha amiga Katie, quando tinha sua idade, viu a separação dos pais, e a mãe desabou. Katie sabia o dia do vencimento da hipoteca ainda no quinto ano. No ensino médio, ela preenchia os cheques. O tempo todo, o que realmente a machucava era as pessoas sentirem pena dela."

"Todos na minha cidade acham que eu sou *aquela coitadinha*", Lucy contou. "Detesto isso."

"Eu tive outra amiga, Anne; seu primeiro bebê foi natimorto." Olhei para Lucy para me certificar de que ela sabia do que eu estava falando. Ela mostrou que sim ao estremecer. "Durante quase um ano depois do acontecido, ninguém lhe pedia nada. O marido, os pais, os amigos, todos pararam de contar com ela. Isso a deixava doente."

"Detesto ser tratada como uma criancinha", Lucy desabafou. "Não quero que todos façam tudo por mim."

"Eu sei."

Lucy se levantou. Os conselheiros estavam tomando suas posições diante da multidão de crianças. Era hora das saudações da manhã.

Ao observar Lucy se reunir aos outros campistas, eu podia imaginar seu Papo na Cabana, à noite, o balançar lento das cabeças em um gesto de compreensão, os *eu também* e *totalmentes*.

No dia seguinte, perguntei a Cookie: "Você acha que pessoas quebradas são melhores?"

"É um preço alto a pagar", ela respondeu com lágrimas nos olhos. "Mas, sim, eu acho." Ela me contou sobre o namorado. Eles tinham experiências de vida semelhantes; não as mesmas, mas igualmente intensas. Ele sabia como eram os sussurros dos adultos na sala, beber, dormir ou chorar em horas estranhas. Cookie disse que não conseguia se imaginar estando com "uma pessoa comum".

Eu sorri, adorando aquela garota quebrada, charmosa, e o jeito com que encarava o mundo. *Pessoas comuns*, quem precisa delas?

Cerca de um ano antes de Liz morrer, minha amizade com ela deixou o caráter familiar e se tornou singular.

Quando seu corpo desacelerou, ela começou a me contar praticamente *tudo*: há quanto tempo não fazia sexo, ou não queria fazê-lo; quanto tinha gasto em um par de sapatos de salto alto que nunca usou; como certo parente a puxava para baixo; como o funcionamento dos intestinos tinha se tornado penoso; como ela seria considerada uma traficante aos olhos da lei se mais uma pessoa lhe desse maconha; que tipo de segunda esposa queria para Andy.

Eu tinha conquistado essa intimidade não porque também tinha feito quimio, mas porque lhe contei sobre trocar as fraldas de meu pai em seus últimos dias e elogiar suas enfermeiras e chorar diante de um farmacêutico espantado e esquisito. Eu lhe contei como, depois que meu pai morreu, tinha pensado em pegar sua dentadura e levá-la para casa na bolsa porque adorava seu sorriso. Eu lhe contei sobre deixar um amigo pagar pela impressão de 500 programas para o funeral de Greenie porque eu não tinha energia para dissuadi-lo disso. Eu lhe contei que, às vezes, ficava constrangida por minha dor por causa de Greenie. "Ele tinha 84 anos", eu disse. "Quem chora tanto pela morte de um homem de 84 anos?"

Conhecer as pessoas leva tempo, que todos juramos não ter. Ou as conhecemos em alguma circunstância mitigante, como ficar preso em um elevador ou ir à guerra. Encolhidas na trincheira, Liz e eu falamos tudo. Fomos críticas e chatas juntas — desesperadas e realistas também. De vez em quando, fomos o melhor de nós mesmas, abrindo caminho entre as ideias mais obscuras. Tive a sorte de conhecer Liz tão bem, de conhecer alguém tão bem. Você não pode ser *realmente* amado se não suportar ser *realmente* conhecido.

Prometi a Liz que, depois de sua morte, eu a lembraria por inteiro: as lutas, as dúvidas, a exasperação, o remorso, a esperança louca, o jeito como Andy a perturbava e como ela o adorava. O que gostaria de ter sabido na época, e assim poderia ter lhe dito, era que toda a conversa importante que eu tiver, durante o resto da vida, terá um pouco a ver com ela, com Cookie e Lucy, e todos que provam que podemos estar feridos e tristes, mas ainda intensos e profundos, ainda essenciais e úteis, só dizendo *eu sei*.

Não

Você ficará impressionado quando eu lhe contar que certa vez prometi não comer queijo, em todas as suas formas e sabores, durante dez anos. Estes são apenas alguns alimentos que não ingeri naquela década: lasanha, macarrão com queijo, nachos, cheeseburguers, queijo grelhado, molhos de queijo, palitos de muçarela, baguetes com cream cheese, cheesecake, Cheetos. Eu gostaria de poder dizer que meu sacrifício tinha o fundamento ético de chamar a atenção para uma injustiça — ou seja, produtores de laticínios poluindo os rios com adubo rico em gás metano — mas a verdade é que foi só para encobrir uma mentira que contei à minha mãe.

Foi em 1976, no verão do Bicentenário dos EUA. Eu me lembro porque minha mãe, que desaprovava joias em crianças, deixou que eu usasse os brincos de estanho do Sino da Liberdade. Meu nono aniversário estava terminando. Enquanto eu acenava para o último convidado na entrada de casa, comecei o que hoje se chama post-mortem. A festa foi ótima, eu disse para mim mesma, mas no ano seguinte, eu queria escolher um tema incrível, algo para dar substância ao evento.

Mas o que tínhamos para oferecer? Jogos? Otelo? Costura? A Sra. Mather, parceira de bridge de minha mãe há muito tempo, tinha uma piscina. *Imagine só.* Poderíamos brincar de *shark and minnows* [uma espécie de pega-pega na piscina] ou fazer concursos de "bala de canhão". Depois de corridas, jogos e troféus, poderíamos nos sentar ao redor da piscina tomando sucos feitos na hora enfeitados com rodelas de frutas.

Quando apresentei minha ideia naquela noite, com uma seriedade que contradizia os doze meses que tínhamos para planejar, minha mãe disse algo sobre responsabilidade, e meu pai disse que a Sra. Mather certamente ficaria feliz em ceder a casa.

Cerca de um mês antes do aniversário, minha amiga Allison completou 10 anos, e adivinhe o que ela fez? Ela ofereceu uma festa na piscina. Como lembrança da festa, a mãe dela deu toalhas com bolsos de aplicações de peixes havaianos que ela mesma costurou.

"Acho que devemos cancelar a festa", eu disse, desanimada.

"São as pessoas que fazem a festa", minha mãe afirmou. "Vamos fazer alguma coisa no porão, onde é agradável e fresco."

Nosso porão? Ninguém daria uma festa naquela masmorra malcheirosa, mesmo depois que meus pais a transformaram de um espaço cinzento em uma Sala de Diversões revestida de madeira. O teto era forrado com placas de espuma, que, às vezes, puxávamos com o gancho de cabides sem *motivo algum*. O piso xadrez era verde e laranja. Para se sentar, só um sofá forrado com um tecido grosso que eu teria dificuldade em identificar, embora possa dizer que seria mais fácil limpá-lo com Veja Limpeza Pesada. Decoração à parte, o que faríamos? Brincar de escritório com o papel timbrado que meu pai tinha trazido de seu emprego na *McCall's*?

Para meus irmãos, havia bastões de hóquei e discos de plástico, e nossa mais recente compra, o mastodonte que apareceu certa manhã de Natal: uma mesa de sinuca de tamanho oficial. Não sei como meus pais conseguiram colocá-la na casa, mas eu não ficaria mais surpresa se tivesse encontrado um elefante ali. Além do mistério do transporte, a mesa de sinuca aumentou meu sentido do Possível. Talvez esse brinquedo gigante significasse que agora estávamos ricos. Talvez começássemos a colecionar estátuas, ou dirigir carros estrangeiros ou comprar Oreos de verdade, e não a imitação.

"Talvez pudéssemos fazer uma festa da piscina com a *mesa de sinuca*", minha mãe sugeriu.

"O quê?"

"Eu só pensei..."

"Mãe... meu Deus!"

"Ah, agora estamos rezando?", ela perguntou, como fazia quando alguém tomava o nome de Deus em vão. Então ela deu de ombros e voltou ao pagamento das contas, ruidosamente lambendo cada envelope.

Achei que, talvez, pudéssemos levar algumas almofadas dos sofás da sala para lá e colocá-las em cadeiras dobráveis e dar um jeito de criar um círculo em volta da mesa de sinuca. Talvez fazer pôsteres com colagens de revistas velhas de meu pai e jogar Verdade ou Desafio. Isso poderia funcionar! Para o almoço, cada menina poderia pedir seu próprio sanduíche submarino.

"Mãe, o que você acha?"

"Parece bom", ela respondeu, sem mesmo erguer o olhar. "Menos essa coisa do sanduíche submarino."

Ela não tinha nada contra sanduíches submarino em si; ela comia um por semana, devagar, um quarto por vez, acompanhado de meia lata de Bud Light derramada em um copo. Os pontos delicados eram o preço por unidade, a complicação e o desperdício. A US$5,40 cada, dez submarinos dobrariam o custo da festa. E havia a dor de cabeça dos pedidos especiais, que devem ser esperados quando se pede alguma coisa para uma menina de 10 anos. Finalmente, o mais inaceitável: a ideia de recolher sanduíches comidos pela metade que não poderiam ser salvos.

Ela contra-atacou com uma pizza grande de muçarela e um bolo de chocolate. E isso veio de uma mulher que tinha comprado uma *mesa de sinuca* para os filhos.

"Mããe! Por que não podemos pedir um submarino para cada uma?"

"Kelly, essas meninas não conseguem comer *meio* submarino. Elas vão adorar uma pizza."

"Eu não!", retruquei.

"Por quê?"

"Porque... eu detesto queijo."

"Ninguém detesta queijo, Kelly."

"Eu detesto!"

"Desde quando?"

"Desde sempre."

"Você comeu um cheeseburguer no sábado, macarrão com queijo semana..."

"Não comi. Eu não os comi."

"Ah, puxa vida, você comeu sim. É pizza ou nada."

Grunhi como um cachorro. Não tinha palavras. Eu a odiei.

No dia da festa, que estava apagada até o momento de a pizza chegar, eu me abstive manifestamente, colocando um pequeno monte de batatas fritas no meio do meu prato de papel, esperando em Deus que alguém notasse e eu pudesse contar meu drama. (Ninguém notou.) Mais tarde, quando minha mãe estava limpando tudo, peguei uma fatia de pizza que sobrou, tirei o queijo, agora transformado em uma camada de borracha, com a pontinha dos dedos como se fosse um bicho morto e o joguei na pia.

"Como quiser", ela disse, empurrando o queijo para dentro do triturador. Ela não se ofereceu para me fazer um cachorro quente. Ou um sanduíche de manteiga de amendoim e geleia.

Foram oito anos cansativos tirando o parmesão do macarrão, pedindo hambúrgueres simples no Burger King, comendo só a massa dos cheesecakes. Eu adorava queijo até a morte! Mas, acredite em mim, valeu a pena. Ela era, como todas as mães são, meu primeiro *tudo*. Primeiro refúgio, primeira rival. Eu estava lhe mostrando como eu poderia ser formidável. Nem uma vez sequer ela colaborou com a minha "alergia". Se eu estivesse esperando que ela me pedisse desculpas por arruinar meu aniversário, esperaria para sempre.

Recentemente, quando a visitamos na Filadélfia, Claire perguntou sobre a expressão *dar um tiro no pé*, que é um aforismo horrível para se analisar com uma criança.

"Aqui está um ótimo exemplo", eu disse. "Quando eu fiz 10 anos..." Minha mãe espiou na sala. "Eu só estou contando a Claire como eu deixei de comer queijo."

"Você fez o quê?"

"Queijo. Eu deixei de comer queijo. Lembra?"

Ela pensou. "Você fez isso?"

"O sanduíche submarino... meu aniversário... eu não comi queijo..." Eu esperei que ela se lembrasse. "Você me fez servir pizza, e eu disse que não iria comer porque detestava queijo, e você pediu a pizza mesmo assim, então eu não comi e então nunca..."

Ela sorriu, divertida. "Ah, você." Se uma garota grita diante de uma árvore na floresta até que caia só para deixar a mãe maluca, mas a mãe continua a cuidar da vida sem se importar, a árvore realmente caiu? "Isso parece um bom exemplo de dar um tiro no pé, ou seja o que for."

Ao contrário de minha mãe, às vezes sou dominada por uma necessidade esmagadora (e ridícula) de fazer minhas filhas serem iguais a mim. Essa sensação é realmente uma surpresa para mim. Pensei que tinha mais autoconfiança para não dar atenção aos pontos do meu Ibope, e de um público tão instável. Mas continua acontecendo.

Em um fim de semana chuvoso anos atrás, tentei melhorar minha popularidade quando me vi em uma daquelas "ilhas de shoppings" — sabe, lojas sem paredes que flutuam na corrente de tráfego de pedestres, e antes que você perceba, está dentro dela?

Minhas filhas reduziram o passo e pararam, hipnotizadas por uma dezena de instrumentos para fazer penteados colocados em uma fila de suportes de aço inoxidável. Eu estava com minha aparência horrível habitual — rímel da noite anterior torcendo meus cílios de um jeito esquisito e uma camisa que a maioria das pessoas passaria à ferro. Uma onda de desconforto me atingiu quando a deusa que dirigia a ilha girou nos saltos e mostrou o semblante glorioso para nós. Decididamente, ela era uma daquelas mulheres que tomava uma ducha todos os dias.

Não precisa ficar envergonhada, Velha Senhora, seu olhar parecia dizer. *Não é de você que estou atrás.* Seus olhos de princesa persa pousaram em Georgia, cujo cabelo estava puxado para cima em um coque espetado. *Venha... experimente...* ela acenou, mostrando um trono de couro sintético branco.

Aquele era o momento para fugir. É aí que o consumidor esperto desvia o olhar e segue seu caminho depressa. Mas como minha chance de me afastar da luz passou, eu disse uma série de coisas diferentes de um não, coisas como "Isso, nós temos alguns minutos" e "Claro, acho que ela pode se sentar" e "Sabe, nós compramos uma chapinha barata em uma farmácia e *ficamos* desapontadas".

Não 115

A cada movimento da varinha milagrosa, o monte de cabelos de minha filha se transformava em fantásticos cachos de propaganda de shampoo — um bom shampoo, como Pantene Brilho Extremo.

A deusa tinha mais perguntas.

"Não parece fácil?" *Sim.*

"Você está vendo como a cerâmica protege as pontas?" *Surpreendente.*

Em minutos, Claire estava na cadeira, e outra transformação começou.

"Veja." Ela colocou os dedos de Claire em volta do aparelho. "Até a irmã caçula pode fazer isso." *Bom, estou danada.*

Enquanto as garotas se maravilhavam com seus penteados, foi feito um chamado para um homem na distante Terra da Gerência para pedir um *preço muito especial* para que *duas jovens* tenham esse produto e o *essencial* óleo de argan que o acompanha por uma *pequena taxa adicional.* Durante a conversa sussurrada, as meninas me olharam, ansiosas, como finalistas em um concurso de beleza esperando o veredito dos juízes. Eu já estava convencida. É bom dizer sim. Todo mundo adora quando você diz sim. Havia um preço alto demais para fazer minhas filhas ficarem como eu, abraçarem-me, sorrir a tarde toda e pelo resto de suas vidas? Quatro minutos depois, descemos pela escada rolante, as meninas inebriadas e vitoriosas, enquanto eu as seguia, US$200 mais leve. Uma idiota perfeita.

#nemumasóvez minha mãe se deixou convencer por um abraço meu. Ela nem gostava de abraços. Mary Corrigan sabia que um sim irrefletido era como o prazer de uma baforada em um cigarro, passageiro, deixando-o enjoado e poluído, de um jeito que você não quer ficar, com apenas v-o-c-ê para culpar.

———————

Quando eu tinha 20 anos, tomando uma cerveja no estacionamento depois de assistir a um jogo de lacrosse da Notre Dame, um de meus primos perguntou se meus pais estavam se divorciando.

"O quê?", perguntei.

A expressão de meu primo de Ah-deixa-disso me irritou e, ao mesmo tempo, me assustou.

"Eles nunca estão juntos", ele falou. "Eu vejo seu pai o tempo todo e sua mãe nunca está com ele."

"Ah, *isso*." Eu era inexperiente demais com relacionamentos para entender ou defender seu jeito de conduzir o casamento, mas não tão ingênua a ponto de não notar que *havia* algo incomum no modo de agir de meus pais. Em dado momento, segundo me lembro, minha mãe simplesmente parou de fazer coisas que não queria fazer, as aparências que se danassem: fazer bolos, dirigir à noite, lavar roupa e — depois de um breve período no início dos anos 1960, quando presumidamente estava tão apaixonada que tinha ido com Greenie a todos os lugares — parou de acompanhar o marido a todos os eventos idiotas a que ele ia. Meu pai dizia que ia a um churrasco ou um clube, e ela dizia: "Acho que passo" ou "Que tal eu encontrar você na volta?" Suas respostas casuais deixavam claro: deixar de sair uma vez, mesmo em situações em que outras esposas iriam, não era um grande problema.

Mesmo assim, até nos piores dias de minha infância, a união de meus pais parecia inabalável.

"Mesmo quando eles vão a algum lugar juntos", meu primo continuou, "eles não usam o mesmo carro". Novamente, essa informação era tecnicamente correta. "Nem mesmo à *igreja*", ele disse, como se isso fosse estranho demais. Se ele tivesse perguntado diretamente à minha mãe, ela teria dito que essa era a única resposta racional ao trabalho de reunir todo mundo em nossa cozinha todos os domingos pela manhã durante minha infância.

Minha mãe, geralmente usando calças pretas e uma jaqueta de lã com botões de latão brilhantes, levantava-se da mesa primeiro, reunindo os pratos perto dela.

"Mãe! Eu ainda não terminei!", eu protestava.

"Você não vai morrer de fome", ela respondia, jogando o último pedaço do meu muffin na pia.

"Quantos pontos o Dr. J fez?", Booker perguntava ao meu pai, que tinha se apoderado da seção de esportes.

"Vinte e oito!"

"George...", minha mãe dizia, fechando a torneira, olhando o relógio.

Meu pai dava sinais de que ia obedecer, empurrando a cadeira para trás, sem largar o jornal. "E oito rebotes..."

"George, a missa começa em seis minutos!" Ela pode ter sido criada por uma alemã que saltava à primeira ordem, mas tinha casado com um irlandês que enrolava.

"Estou indo, Mare!" Ele se afastava da mesa mais alguns centímetros, como se ligasse para a pontualidade. "Mo Cheeks marcou dezoito", ele sussurrava aos meus irmãos.

"A que horas vai passar o jogo dos Flyers à noite?", GT perguntava.

"George, por favor!"

"Vocês ouviram sua mãe, garotos. Vamos."

"Sinceramente, precisamos passar por isso *todas as semanas*?", ela dizia enquanto passava batom nos lábios. "Saindo em um minuto!", ela gritava para o alto da escada, como se estivéssemos realmente prestes a ser submetidos a alguma inspeção antes de entrar no carro. Entre um momento e outro, podia haver uma escolha errada de roupa, uma bronca por causa do chiclete na boca, ou uma ligação de um irmão de meu pai, tudo enquanto minha mãe ficava junto à porta em seu casaco de lã, bolsa pendurada no braço, sobrancelhas erguidas de incredulidade. Em qualquer domingo de manhã na Wooded Lane, 168, de 1969 a 1980, você podia encontrar quatro pessoas deixando uma mulher maluca. Até que essa mulher disse: *Não. Chega. Vejo vocês lá.*

Usar dois carros para ir à igreja levou a usar dois carros para ir à piscina, o que levou a usar dois carros para ir a eventos esportivos, quando então minha mãe podia escapar no momento em que o jogo ficava previsível, deixando meu pai sozinho, o que levou a ir a cada vez menos jogos.

O hóquei no gelo, jogado em horários inconvenientes em locais horríveis onde o aluguel é barato e os assentos são duros, exige muito dos fãs. E para quê? Em vez de bancar a durona e esperar por uma medalha de ouro, minha mãe tomava uma "pílula da esperteza" e caía fora. Quanto ao lacrosse, ela ficava satisfeita em dar uma olhada nos jogos locais de meus irmãos... mas em outras cidades? Sem chance. Greenie não só reorganizava seus compromissos de vendas para estar presente nos stands às 16h, mas, graças a uma ampla rede de colegas entusiasmados e uma antena para captar qualquer jogo na área, conseguia aparecer em qualquer partida importante no raio de 30 quilômetros. Se isso lhe permitia tomar algumas cervejas depois no bar local, seguido por um rápido hambúrguer, tudo bem. Uma boca a menos para minha mãe alimentar.

Nos sábados de manhã, Greenie jogava tênis, squash ou golfe. Minha mãe não tinha interesse em gastar suas energias, mas se um jogo pudesse ser jogado na mesa da cozinha acompanhado de goles no café descafeinado preferido vestida no roupão azul-bebê e pantufas brancas que faziam seus pés parecerem coelhinhos, não precisava convidar duas vezes.

Nada disso sugere que ela não era fã de esportes. (Ela poderia substituir o locutor Dick Enberg, tamanho era seu conhecimento.) Tampouco significa que ela não amasse Greenie e sua companhia. (Ela amava, de verdade.) Ela apenas não concordava com o conceito de que amor significa partilhar hobbies, ter personalidades gêmeas e ficar parada em campos lamacentos ouvindo pais empolgados repetir as jogadas enquanto você gostaria de estar em casa confortavelmente instalada tomando uma vodca. Ela certamente não acreditava em fazer aparições públicas para satisfazer um sobrinho tagarela que duvidava que seu casamento estava intacto.

"Chacun à son gout", ela gostava de dizer com um sotaque francês exagerado. *Cada um a seu gosto.* Se o marido era extrovertido e adorava interações, e ela introvertida e achava tudo aquilo exaustivo — bem, então ela o deixava livre para socializar o quanto quisesse. Minha mãe tinha ideias próprias e as punha em ação.

Ela não impunha sua vontade, mas também não fingia não ter preferências. Ela não pretendia atrapalhar as atividades dos outros. Se meus irmãos e eu queríamos ir ao Minella's Diner comer ovos e panquecas e ela considerasse a ideia horrível, se despedia de nós na mesa da cozinha, onde usufruía seu muffin diante do aquecedor a querosene enquanto ouvia a uma fita de Perry Como. *Uma festa para um*, ela dizia.

Poucas pessoas que conheci conseguiram se libertar como minha mãe fez. Liberada pelo simples fato de dizer não — o que considero incrível para qualquer mulher, e extremamente radical para uma criada na geração do "simples e fácil" — minha mãe sempre encontrou saídas consideradas impossíveis para os outros. Olhando para trás, acho que tudo consistia em sua incrível disposição de ser impopular e sua extrema convicção nada romântica de que as pessoas deveriam assumir seriamente — se não totalmente — a responsabilidade pela própria felicidade. Essa visão se estendia a todos os aspectos de sua vida, incluindo seus aniversários. Minha mãe não só fazia listas com ideias para presentes, mas também as colocava no quadro de avisos da família junto de cupons. Ela sabia o que deixaria seu dia excelente. Esconder a resposta era nos incomodar com um jogo de adivinhação que certamente perderíamos. (De um jeito utópico, elaborar uma lista curta de lembranças acessíveis para as crianças comprarem para mim seria tirar todo o significado do presente. Elas não deveriam *simplesmente saber?*)

Quando seu 70º aniversário se aproximou, meus irmãos e eu decidimos reunir recursos e comprar-lhe um presente mais substancial do que faríamos individualmente. Tentamos incluir Greenie, mas ele já tinha se decidido por um broche de brilhantes em forma de elefante, uma anuência à sua profunda simpatia ao Partido Republicano, desconsiderando anos de experiência que lhe diziam que presentes estritamente ornamentais seriam trocados por dinheiro.

"Então, mãe, tem alguma coisa especial que você esteja querendo?", perguntei em uma visita vários meses antes do aniversário. Embora meus irmãos e eu fôssemos colaborar com o que fosse preciso, desconfiei de que qualquer coisa que ela tivesse em mente não fugiria do que tinha pedido em aniversários passados; sais para banho, creme antirrugas ou possivelmente algo misterioso, mas acessível, como um aparelho para banho de parafina (para "mãos mais macias e jovens").

"Eu sei *exatamente* o que quero de vocês, crianças". Ela tinha carregado essa arma um mês antes.

"Mesmo?" Fui de desejosa em agradar a ansiosa. E se ela estivesse pensando em uma viagem ao Havaí? Ou em um novo Oldsmobile? Será que minha oferta magnânima nos tinha colocado em um beco sem saída?

"Com certeza", ela disse. "Se houver *qualquer problema* que você ou seus irmãos tenham com que eu possa ajudar, eu gostaria de saber."

Estendi meus braços para que ela visse os pelos arrepiados. "Puxa, mãe", eu disse. "Você está me assustando."

Ela ergueu o dedo para indicar que não tinha terminado. "E se houver qualquer problema que você ou seus irmãos tenham e sobre o qual eu não possa fazer *absolutamente nada*, eu gostaria de *não* saber."

Eu ri como se ela estivesse brincando.

"Escute, Kelly. Sou mãe desde 1964, e gostaria de parar de me preocupar e dormir bem."

Dormir. Era o que ela queria. Dormir, o que provavelmente não conseguiria se continuássemos a lhe contar todos os detalhes preocupantes de nossas vidas e da vida de nossos filhos. Nada de histórias de sofrimento, professores geniosos e técnicos de pavio curto, períodos de tristeza inabalável. Nada de insinuações sobre problemas no casamento, investimentos perdidos, contratempos na carreira. Nada de relatos detalhados de dores nas costas, noites mal dormidas, uma possível cirurgia no quadril.

Ela tinha acompanhado a trajetória de nós três durante 45 anos, internalizando todos os ossos quebrados e cortes nos dedos, as promoções perdidas, as separações, as eleições em que houve derrotas, os convites que não vieram ou foram retirados. Ela tinha consertado ou tentado consertar cada coisa consertável. *Agora*, por favor, *chega*.

Eu entendi. Tentei recuar diante do drama que Georgia e Claire levavam para casa, sofrendo com o som de seu choro, a imagem de vê-las enrodilhadas na cama. Eu ficava na sala por alguns minutos, freneticamente limpando os móveis, mas sempre subia, com um copo de água gelada ou um prato de maçãs sem sementes e cortados bem do jeito de que elas gostavam. Eu era mãe fazia apenas dez anos. Quantas "bonecas da preocupação" da Guatemala [bonequinhas que, segundo a tradição, prometem acabar com suas preocupações] terei destruído em mais 29 anos?

Quatro dias depois que minha mãe pediu que parasse de preocupá-la com prolemas que ela não teria condições de resolver, mencionei que Claire tinha chorado até dormir na noite anterior.

"Ah, espere, desculpe", eu me interrompi. "Feliz aniversário."

"Obrigada", ela respondeu com firmeza.

Na manhã seguinte, acordei com uma mensagem dela: *Como está minha pequena Claire?*

Dizer não no sexo, no emprego, nas amizades exige coragem. Uma amiga disse que uma grande lição que ela extraiu depois de três anos e US$11 mil em terapia foi *aprender a dizer não. E quando você o faz, não se queixe e não explique. Cada desculpa é como um convite para que lhe peçam de novo de um jeito diferente.*

Você pode pensar que, tendo sido criada como fui, por uma especialista em dizer não, eu faria de tudo para conseguir o que quero, como alguém com a promessa de fracasso que se torna um mestre aficionado por poder. Hah.

Não 125

Eu não consegui dizer não a um recente corte de cabelo que me fez parecer com um empresário dos anos de 1970, ou a um massagista quase agressivo que perguntou *Isso não é bom?*, ou a uma babá tímida que perguntou se poderia chamar uma ou duas amigas depois que as crianças dormiram e então deixou cigarros de maconha na varanda. Gosto de transmitir uma imagem de descontração e despreocupação; rejeito tipos exigentes e seu excesso de instruções: *Ajeitados ao redor do rosto e com franja até as sobrancelhas, e lembre-se, meus cabelos ficam mais curtos à medida que secam. Muita pressão nas costas, mas principalmente nos ombros. Nada de sobremesa para as crianças, as duas precisam de um banho, e, por favor, ligue a máquina de lavar louças.* Quem leva um corte de cabelo, uma massagem, uma noite na vida tão a sério? Mas em minha devoção ao ideal casual, acidentalmente criei uma falsa escolha entre ser tranquila para negociar e realmente ter opinião própria. Deve ser possível dizer não com delicadeza e ainda ser amado.

A que mais eu deveria ter dito não?

Levar almoços esquecidos para a escola. Festas do pijama sucessivas. Snapchat.

Não para responder mal, falar palavrões, gritos. Não para *Missão Madrinha de Casamento* e *Quase irmãos*.

Não para a desconhecida que olhou para o outro lado do play-ground e disse: *Você não acha que aquela criança é má companhia?*

Não para o desconhecido que mostrou os dois caras que estão limpando nossos carros e disse: *Essas pessoas não são exatamente conhecidas por sua ética no trabalho, se é que você me entende.*

Não para ortodontia antes do ensino médio.

Não para upgrades no AppleCare e no seguro de locação de carros.

Não para viagens no feriado de Ações de Graças, ao cartão de crédito T.J. Maxx, à pretensão de associação a uma academia.

Não para TV no quarto. Não para pré-festas.

Não para trabalho não remunerado.

Não para a terceira temporada de *The Bachelorette*.

Pequenos nãos nos preparam para os grandes nãos que definem os principais movimentos de nossa vida. O trabalho que não devemos aceitar, o relacionamento que devemos interromper, o negócio que parece obscuro. Não, finalmente, a outro drinque, não ao abuso, não a voltar a ficar juntos. Não a medidas radicais para salvar a vida.

Quando éramos crianças, o não vinha facilmente aos lábios. Vestir o casaco? Desligar a TV? Deixar sua irmã sozinha? Sem chance. Mas então ficamos civilizados. Amadurecemos e adquirimos autoconhecimento. Dizer não começa a parecer grosseria ou insubordinação, ruindade ou preguiça, omissão ou insegurança. Dificilmente existe uma intenção positiva associada a um não.

Exceto a autopreservação.

Sempre quis ter quatro filhos. "Quatro aos quarenta" foi o que eu disse quando o tema família surgiu pela primeira vez com Edward. Greenie vinha de uma família de seis, minha mãe, de quatro. Quatro é suficiente para um baile, uma equipe de touch football, uma pirâmide humana. E filhos de famílias grandes são divertidos — algo sobre ter que chamar a atenção ou viver sem ela. Prefiro uma ninhada de gambás a uma dupla de coalas fofinhos. O problema foi que, quando me casei com meu príncipe do Arkansas, eu estava com 32 anos. Com menos de 10 anos para cumprir meu plano, arrastei Edward da lua de mel direto para a sala de procriação.

Georgia, em uma das grandes bênçãos de minha vida, veio com facilidade. Claire levou um pouco mais de tempo, mas não tanto a ponto de estragar os planos. Eu tinha um pouco mais que quatro anos para ter mais dois. Alguns meses depois do nascimento de Claire, parei de amamentar, minha menstruação recomeçou, e começamos a acompanhar minha ovulação. Três meses se passaram, depois seis, então dez — nada. Logo depois que Claire completou 1 ano, descobri o terrível nódulo em meu seio, e a quimio que se seguiu suspendeu minha fertilidade, como ocorre algumas vezes. Em termos de remissão, essa era uma boa notícia. Meu câncer gostava de estrógeno; ele o usava para se multiplicar. Todos estavam contentes, menos eu. "Quatro aos quarenta" estava passando a ser "quatro aos quarenta e três", que não soava tão bem, tampouco parecia muito promissor.

Então, cerca de um ano mais tarde, quando minha menstruação surpreendeu a todos com sua volta, fui seriamente aconselhada a tomar uma medicação para impedir a função dos ovários. Eu não esperava por isso. Edward e meu oncologista foram insistentes, e, embora eu possa ser ousada, não fiquei surda ao argumento de que esse era um momento de cautela. Concordei, mas ainda alimentei a esperança de ter mais filhos. Talvez depois de um ano, eu disse a mim mesma, quando todos virem o quanto estou saudável. Então, o assunto se tornou um tema difícil quando, aos 38 anos, um de meus ovários desenvolveu um tumor preocupante e, para me manter segura da devastação que é um câncer de ovário, uma cirurgiã chamada Mindy agendou minha ovariectomia, uma operação de nome estranho durante a qual meus ovários foram separados das trompas de Falópio, puxados por minúsculos cortes na parte inferior do abdômen e descartados em sacos especiais para biorresíduos, junto de qualquer esperança de uma nova gravidez. Ou duas.

Embora eu chorasse muito na época, sabia também que não era preciso gerar um bebê para ter um bebê. Eu tinha visto MH ser mãe por meio da adoção duas vezes. Eu vi minha amiga Nancy encontrar uma barriga solidária para criar sua família. Deu tão certo, que ela repetiu o processo. (Hoje ela tem cinco filhos.) Liguei para alguns serviços para ter mais informações. O caminho da barriga solidária se mostrou financeiramente proibitivo para nós, mas quando o Google me anunciou para a comunidade de planejamento familiar, cookies da internet me bombardearam com uma sucessão de anúncios mostrando fotos de famílias felizes, testemunhos empolgantes e promessas ousadas como *perfeito e completo*. Adoção, doméstica e internacional; doadores e óvulos e embriões. Havia muitas páginas de links para explorar. Conversei com orientadores ao telefone. Tive uma conversa preliminar com minha cunhada, que disse que realmente consideraria carregar um filho para nós. As opções eram muitas. Eu criei uma planilha em Excel para anotar custos, riscos e aspectos jurídicos. À noite, depois da última olhada nas meninas, eu sussurrava em seus ouvidos: *Vou conseguir uma irmãzinha ou um irmãozinho para vocês, esperem só.*

Se pudéssemos *completar* nossa família com *perfeição*, por que não o faríamos?

Sempre fiel ao tempo certo, esperei pelo momento ideal para me sentar com Edward e contar Minha Visão.

Dois meses depois, em um voo de cinco horas para a Costa Leste, com as meninas ligadas em *Procurando Nemo*, vi minha oportunidade. Tirei minha planilha da mala de mão. Eu estava preparada para contornar quaisquer ansiedades ou objeções que ele pudesse ter. Ele se convenceria. Além disso, ele me amava — ele gostaria que eu tivesse o que desejava.

Comecei minha investida com tranquilidade: temos muito para comemorar, eu disse. Claire já não usava fraldas, Georgia tinha um dente mole, todos estavam finalmente dormindo a noite toda. Edward fechou o livro, marcando a página com o dedo. Ele sentia para onde essa conversa nos levaria. Eu continuei: eu estava saudável de novo, falei, sem dores nos ossos ou feridas na boca. Tudo parecia muito distante agora, os sinais daquele período muito difícil estavam praticamente invisíveis na luz brilhante de onde estávamos indo.

Edward concordou. Ele espiou o número da página e deslizou o livro para o bolso à sua frente. Segurei sua mão.

"E eu estou em um ritmo bom no trabalho", ele ajuntou, "então acho que podemos fazer uma boa viagem neste verão..."

"Claro que sim. Mas eu também gostaria de explorar algumas outras possibilidades."

"Para quê?"

"Para mais filhos."

Ele estreitou os olhos de um jeito que não gostei. "O-kay", ele disse.

Abaixei sua mesinha e mostrei a planilha. "Certo, aqui estão todas as nossas opções." Ele não me interrompeu, mas estava rígido.

Repassei minha lista — doação de óvulos, barriga solidária, adoção. Eu senti pelo seu olhar e a testa franzida que a principal emoção que nascia nele não era concordância nem mesmo curiosidade, mas pena, de mim, por aquele caro desejo que não atenderíamos.

"Primeiro escute", eu disse, tentando afastar a mensagem que sua expressão me enviava. "Isso é totalmente viável. As pessoas o fazem o tempo todo. Não precisávamos pensar nisso, mas está tudo aqui, todas as opções, os prós e contras, e os contatos em todos os lugares..."

Ele suspirou.

"O quê?", perguntei.

"Estou feliz, Kelly." Seu tom era gentil, mas inequívoco. "Minha mulher está em plena forma. Minhas filhas estão bem. Tenho condições de nos sustentar. Não tenho batalhas para enfrentar. E não quero uma nova." Os sons do voo zuniam em meus ouvidos. Pela primeira vez em nosso casamento, estávamos olhando para uma decisão importante e vendo coisas diferentes. Mordi o lábio e olhei para as mãos em meu colo. Eu estava zangada, isolada e incompleta. Havia delicadeza em sua voz quando ele tornou a falar. "Eu só quero aproveitar o que temos. Quero ser a família que somos."

Eu chorei, mas não discuti com ele. Como poderia? Edward nunca tinha amaldiçoado minha doença por mudar a *sua* vida, pelo medo que ele deve ter sentido. Na verdade, sua atitude perseverante tinha sido tão convincente, que não percebi que ele também estava se recuperando. E embora eu mal notasse que ele observava, ele tinha acompanhado os cinco anos corajosos em que MH passou por tratamentos de fertilidade malsucedidos e procedimentos de adoção angustiantes. "Desculpe, Kelly, eu não posso."

Assenti, enxuguei as lágrimas. Não havia mais nada a ser dito sobre o assunto. Não há como ser condescendente com algumas coisas; elas são definitivas, relevantes demais.

Ele segurou minha mão durante a próxima hora enquanto eu começava a desmontar uma colagem de imagens vívidas e detalhadas que tinha colado ao longo dos anos; reorganizando os quartos para acomodar o número três, alguém novo crescendo para usar a minúscula calça Levi's de que Georgia gostava tanto, tornando-me aquela mãe bacana relaxada que sempre imaginei ser, graças aos anos adicionais de experiência.

Em vez de tentar *me fazer feliz*, como músicas populares e cartões de felicitações desvirtuados sugerem ser a promessa de verdadeiro amor, Edward estava fazendo a única coisa que nos manteria juntos: tomando conta de si mesmo. Como com meus pais, às vezes a arte do relacionamento está em declarar seus limites, proteger suas fronteiras, dizer não.

Graças a Edward e à minha mãe, por cujo autocontrole indolente eu me apaixonei um pouco, apesar de tardiamente, não só consegui recusar um convite para participar de um projeto, ir a um evento e doar para várias causas que acho desimportantes, mas passei a me sentir muito pouco à vontade com pessoas que não sabem dizer não. E se elas disserem sim para você até a morte, e secretamente o odiarem por isso? Além disso, o não abre espaço para o sim, e quem não quer mais espaço para isso?

Sim

*A*qui está uma lista de coisas para as quais sempre digo sim:

Gamão, rummy 500, um jogo de dados chamado pig.

Pimenta moída, parmesão ralado, extra guac[amole].

Tequila Corzo, chá de menta e alcaçuz, antiácido.

Caramelo salgado, borda de sal, piadas picantes.

Mais sono, mais volume, mais ajuda.

Livros com bordas irregulares.

Uma segunda opinião.

Opção de assento aquecido.

Um vídeo de Louis C.K., um conto de B. J. Novak, uma apresentação de Richard Thompson.

Feedback.

Comunhão.

Minha mãe.

Jantar na casa de Beth Barrett.

Um mergulho no lago, uma viagem de trem; dançar quadrilha, festas da peruca e charadas.

Uma segunda chance, mas talvez não uma terceira.

Uma ligação de Tracy Tuttle, da prima Kath, do Andy de Liz.

Contratar um catador de piolhos profissional.

Sexo com meu marido (porque, e se ele morrer durante o sono?).

Notting Hill, *Michael Clayton*, *A Fantástica Fábrica de Chocolate* (o original).

Uma palestra.

Uma filha — mesmo que seja vários centímetros mais alta que eu — querendo dormir em nossa cama.

Tylenol PM.

Spellcheck, Spanx, echarpes, dormir até tarde.

Uma bisteca da Filadélfia picante e doce.

Balas para refrescar o hálito.

Eu Estava Errada

Comecemos aqui: nossa cachorra, Hershey, muitas vezes testa meus limites pessoais. Ela praticamente não teve treino nenhum, um projeto de minha inteira responsabilidade, o que indica que tudo relacionado a ela é culpa minha, exatamente porque seu mau comportamento tem o poder de me derrubar. É necessário muita disciplina para criar disciplina, e disciplina não é algo natural para mim. Eu me casei com a disciplina.

Uma pessoa menos estúpida que eu, por exemplo, ensinaria um cachorro a manter o focinho longe das partes íntimas de uma mulher. Procurar no Google não mostrou resultados, então, quando uma mulher visita nossa casa, ela precisa enfrentar essa terrível consequência: todos se perguntam que cheiro o famoso faro sensível do cão está sentindo. Será que Hershey sabe que ela transou, que está com uma infecção por fungos, ou é só uma mulher que esconde petiscos nas calcinhas? Não tenho ideia de como impedir isso, e, seja como for, segundo Edward, "não vale a pena aprender como treinar Hershey" se "a principal presença" não monitorar e corrigir o comportamento. Aparentemente, com cachorros, tudo se refere à consistência. "Como crianças", Edward às vezes acrescenta, quando sente que nosso casamento está percorrendo um caminho extremamente sólido.

Além de farejar virilhas, outro grande defeito de Hershey é tomar água do vaso sanitário, o que me confunde, já que é visivelmente mais difícil do que tomar água do bebedouro, que eu encho todas as manhãs e coloco ao lado do local ensolarado em que ela gosta de descansar. Assim, tomar água do vaso não seria problema se ela conseguisse fazê-lo sem tanta bagunça. Ah, e também porque os vasos em nossa casa nem sempre estão vazios. Antes que você critique, deixe-me explicar que atingi a consciência ambiental em São Francisco, onde muitas pessoas não puxam a descarga depois de cada xixi — uma em cada duas vezes. Isso economiza muita água. Na privacidade de seu lar, no segundo andar, acho que você pode deixar um pouco de papel higiênico e xixi no vaso. (Eu também acho que está tudo bem em partilhar escovas de dentes entre os membros da família. Amigos me disseram que essa é uma questão controversa, mas aí está.)

Seja como for, às vezes, uma criança em sua casa faz *mais* do que xixi no vaso. Na verdade, isso provavelmente ocorre uma vez por dia para cada uma. Na maioria das vezes, essa criança removerá a prova de seu sistema digestivo saudável. Mas, às vezes — sinceramente, mais vezes do que posso suportar —, essa criança esquece de puxar a descarga.

Adivinhe o que muitos cachorros gostam de comer.

Isso mesmo.

Tantos cachorros gostam de comê-lo, que, na verdade, existe um nome para o problema. Coprofagia. (Da internet: "Alguns nutricionistas veterinários sugeriram que os cães comem fezes para repor as enzimas e ficar mais bem preparados para digerir sua comida. Muitas vezes, dizem que a falta de vitamina B é a causa da coprofagia.") Deduzimos que Hershey está totalmente preparada para digerir sua comida e retém incríveis níveis de vitamina B.

Certa manhã, durante minha varredura das 09h no andar superior — apagando luzes, pendurando toalhas, fechando gavetas de cômodas que as meninas e meu marido deixam abertas como línguas esticadas para mim —, entrei no banheiro que minhas filhas dividem, e ali, *no chão*, estava a coisa mais terrível que uma pessoa pode ver na própria casa: resíduos sólidos humanos.

"Mãe de Deus Amado!"

Depois de mais blasfêmias e indignação, cobri o excremento com várias camadas de papel higiênico e rapidamente o transferi do piso para o vaso. Seguiram-se alguns momentos desagradáveis, durante os quais só era possível perguntar: *como a minha vida se transformou nisso?*

Quando minhas filhas voltaram da escola naquela tarde, fiz uma reunião para transmitir a gravidade da situação matinal. Isso suscitou uma discussão solene sobre puxar descarga e, mais amplamente, sobre mim e meu papel aqui na Terra, ou seja, as coisas que estou mais do que disposta a fazer como mãe e as poucas tarefas que ninguém *nunca* deveria ter que fazer.

Georgia disse, corajosa: "Achei que tivesse puxado a descarga, mas acho que não segurei a alavanca pelo tempo suficiente."

"Você tem que *checar*", eu disse. "Sempre. Isso não pode acontecer de novo. Entenderam? *Nun-ca*. Repitam comigo."

"Sim, mãe, entendi."

Avançando rapidamente duas semanas para um sábado de manhã em janeiro.

Estávamos no andar de baixo, as meninas comendo granola com iogurte, eu tomando uma xícara de café forte, Edward comendo seu bacon, quando ouvi um espadanar seguido do tilintar da plaqueta do cachorro. Depois, mais espadanar. E eu soube. *Está acontecendo.*

"Não, não, não!" Disparei escada acima e encontrei Hershey se afastando, costas curvas, cauda esticada. "Não consigo lidar com essa merda!"

Ainda estou com as rugas na testa criadas naquele dia, parada à porta do banheiro, aquele com a cortina bonita do box da West Elm que eu tinha acabado de pendurar nos ganchos na noite anterior. Abafei um grito e então passei para um tipo de lamúria em tom menor, como um orgasmo zangado.

Edward gritou para o alto das escadas, assustado: "O que foi?"

"Auhhhhhh!" Eu ainda não conseguia encontrar as palavras.

As meninas e Edward se juntaram atrás de mim, olhando por sobre meus ombros, observando a matéria escura sobre as lajotas cor de lavanda.

"Isso não é meu!" Georgia disse, sabendo que sua condenação anterior faria dela a principal suspeita.

"Mas que *merda*!", berrei. "Já falamos sobre isso!" Para que eu tinha feito aquele imenso discurso?

"Juro, mãe, não é meu!"

"Ah, em nome de Deus, vamos discutir de quem é a merda?"

"Eu *juro*. Eu lembro que puxei a descarga", Georgia ajuntou.

"Você não puxou. A descarga. Com força. Suficiente!" Marquei cada palavra enquanto batia com o punho na palma da mão.

"Juro por Deus", ela repetiu. "Não fui eu!"

"Você acha que foi a Hershey? Você acha que ela se sentou no vaso e..."

"Eu não sei, mas juro sobre a Bíblia! Eu sempre puxo a descarga agora! Você pode instalar uma câmera de vídeo em todos os banheiros!"

"Certo", Edward disse, "isso está ficando ridículo".

Ah, dane-se você também, Sr. Voz da Razão.

Claire, ansiosa para terminar a confusão, disse: "Deixe que eu limpo."

"Absolutamente não!", vociferei. As meninas trocaram olhares enquanto se afastavam de mim como se eu fosse um morcego apanhado na casa, voando em círculos. "Georgia vai limpar. Porque" — eu mal ouvi as próximas palavras — "nesta família todos limpam a própria bosta no maldito chão!"

Edward olhou para mim como se eu estivesse tendo um surto de loucura passageiro. Georgia foi até a cozinha pegar toalhas de papel, Claire chorava baixinho, e eu saí para "passear com o maldito cão", prendendo a guia na coleira muito depressa e puxando-a enquanto disparava pela entrada de carros. Meu pescoço latejava por causa dos gritos. Consegui acalmar a respiração um quilômetro depois.

O que há de errado comigo? Eu elogiava minhas filhas corajosas no Instagram, mas em particular reduzia seus ânimos a zero por causa de um erro besta de não apertar a alavanca de um velho vaso sanitário que precisava ser substituído?

O que eu fiz? Vamos ver:

1. Eu tinha modelado com perfeição todas as coisas contra as quais vinha lutando há anos — acusar, ter reações exageradas, ter "chiliques". Se eu esperava que uma de minhas filhas parasse de ficar muito chateada por causa de, digamos, sapatos que não servem ou "alguém" comendo todos os seus doces do Halloween, ah, bem, talvez não.

2. Eu tinha me envergonhado diante de meu marido e pai de minhas filhas, talvez perdendo qualquer possibilidade de recuperar qualquer fragmento de respeito, talvez impossibilitando que ele dissesse com alguma convicção "A Kelly? Ah, a Kelly é uma *ótima mãe*". Nem mesmo como parte de um cartão ou brinde de aniversário.

3. Será que provoquei os deuses para me enviarem um problema real?

Quando voltei, Claire estava fungando na minha cama, sem dúvida assustada com minha fúria (mais ofensiva do que inspiradora), para dizer algo sobre o quanto pode ser perturbador limpar merda humana. Eu tinha trabalho a fazer.

Isso exigiria um pedido de desculpas quase perfeito. Segundo minha mãe, o fundamento de um pedido de desculpas adequado é assumir a responsabilidade, e seu ponto alto é dar nome à transgressão. A contrição deve ser sentida *e* transmitida. Finalmente, pedidos de desculpas são melhores se feitos com simplicidade, deixando de lado a racionalização. Em outras palavras, *sinto muito* deve ser seguido de uma pausa ou ponto, não por *mas* e nunca por *você*.

O problema é que, quando você está no jardim de infância, *sinto muito* é dito tantas vezes em tantos tons diferentes, com tantas intenções, acompanhado por tanta tagarelice defensiva, que pode significar qualquer coisa, de *eu gostaria de não ter feito isso* a *quero que isso termine* a *Puxa, Louise, já está tudo bem. Por que você está tão chateada?* É por isso que prefiro *Eu estava errada.* É mais difícil de dizer. Tem um significado único. E cheira a humildade.

"Ah, Claire." Eu me inclinei para beijá-la, ansiosa por um alívio. "Eu estava errada."

"Você me assustou". Ela se afastou de mim.

"Eu sei. É que... Georgia e eu acabamos de falar sobre..."

"Mãe, fui eu."

Dá para ser mais idiota?

"Oh, Deus." Fiquei ao lado de Claire, apenas a alguns passos de onde Georgia estava emburrada, no quarto. Mãos nos quadris, olhos fechados, respirei fundo e me virei para a porta. Hershey me seguiu pelo corredor.

"Oi, G", eu disse. Ela estava de braços cruzados, a expressão gélida. Ela sabia que eu estava nas mãos dela. Talvez ela esperasse me ver de joelhos. "Bom", comecei, "Eu estava errada. Achei que o cocô da Claire fosse seu; e mesmo que tivesse sido seu, agi de um jeito horrível. Mas..."

"Mas...?", ela disse, querendo pôr um fim na conversa.

"Nada. Nada. Eu estava errada."

———

Assista ao noticiário por uma semana e verá dezenas de histórias de pessoas assumindo seus erros. Durante uma entrevista após um jogo, um jogador branco da NBA caracterizou os Golden State Warriors como "rápidos macaquinhos". No dia seguinte, ele proferiu uma declaração em que dizia que tinha escolhido as palavras erradas. Uma empresa de segurança que tinha realizado um treinamento em uma grande arena se desculpou profundamente por acidentalmente deixar para trás uma falsa bomba tubo que aterrorizou o pessoal do local que a encontrou. O primeiro-ministro canadense se dirigiu a um grupo de descendentes de imigrantes dizendo que o Canadá tinha errado em recusar seus pais e avós na fronteira *em 1914*. Um homem que tinha roubado um banco para pagar as dívidas da família se desculpou com os clientes que tinha aterrorizado naquele dia, depois de passar cinco anos na prisão.

Assim, o que *eu* estou esperando? Edward sugere que eu comece por ele. Okay:

Edward Lichty, ótimo homem e marido: naquela manhã em que nos mudamos de São Francisco para Berkeley, dezessete anos atrás... Enquanto você foi comprar café (muito atencioso de sua parte), eu joguei fora as suas camisetas. Não deveria ter feito isso, mas antes que eu pudesse me impedir, tinha jogado aquele saco verde-escuro no lixo. Eu estava errada. Então inventei toda uma história sobre ver o morador de rua... Isso também foi errado.

(Por favor, lembre-se de que não me livrei de nada de que gostasse de verdade, *Mas, sejamos sinceros, aquelas camisetas estavam nojentas*, porque cometer equívocos é para iniciantes.)

Eu também sinto muito por questionar suas escolhas profissionais. Deve ser enlouquecedor me contar sobre conflitos do escritório e me ver defendendo o outro lado. Acho que faço isso por realmente querer participar, ou atingir você com um pouco do que recebo das garotas, ou para provar que também sou inteligente. Mas, qualquer que seja o motivo, é errado, e tentarei realmente parar com isso.

E:

Você sabe como eu escapo silenciosamente da casa para uma caminhada enquanto você luta com as duplicatas do seguro ou lê todas as letras miúdas de cada contrato que fazemos como casal? Não é certo eu deixar você fritar seu cérebro sozinho — principalmente quando não faço nem mesmo a parte fácil, como as compras de mercado, até que uma das amigas das meninas abre a geladeira e diz algo como *Onde vocês guardam a comida?* ou *Com o que você come homus?*

Mas, mesmo que eu assuma meu erros, pergunto-me se é insensato chamar a atenção às partes menos agradáveis de mim mesma. E se a verdade sobre meu caráter não for tão boa e assim ela se espalhar? Isso sem mencionar: quando eu disser em voz alta que estou errada em jogar, sabotar e fugir, não poderei continuar a jogar, sabotar e fugir. Ser uma parceira permanentemente melhor do que tenho sido parece improvável e ambicioso demais. É uma combinação assustadora: expor nosso lado mais negro e criar expectativas de mudança pessoal é o que paralisa a maioria de nós.

A mãe de Greenie era uma mulher extremamente capaz que criou seis filhos com pouco mais que um saco de batatas esverdeadas. Enquanto crescíamos, nós a víamos três ou quatro vezes por ano. Como eu era uma dos vinte e tantos netos entrando e saindo de sua casa, muitos dos quais viviam perto e a conheciam melhor, não se esperava nada especial de mim. Eu dizia um oi rápido, respondia uma ou duas perguntas sobre minha aula preferida na escola ou quanto tinha crescido, antes que fosse chamada por outro parente. Para mim, Cleta era uma idosa baixinha com pequenos dentes acinzentados que era minha avó. Para seus filhos, ela era a própria gravidade.

Ela ficou viúva cerca de uma década antes de se sentir realmente velha, e, mesmo então, com 80 e tantos anos, aguentou mais dois anos em um pequeno apartamento em Baltimore, com a ajuda de uma enfermeira em tempo integral chamada Betty. Na época, eu tinha 20 e poucos anos e também vivia em Baltimore, trabalhando para a United Way, uma escolha profissional que me fez sentir uma "boa pessoa" que estava "mudando o mundo". (É possível que eu fosse uma millennial insuportável antes que houvessem millennials insuportáveis.)[1]

Em meu zelo por me atualizar, devorei *Os Sete Hábitos de Pessoas Altamente Eficazes*, e depois o reli, devagar, com um marcador amarelo na mão. Quando o Dr. Covey implorou ao leitor para

---

1 N. da T.: "Millennials", também conhecidos como Geração Y, refere-se às pessoas nascidas entre 1981-1996.

"começar tendo o fim em mente" e "pôr as coisas importantes em primeiro lugar", balancei a cabeça e tomei nota. Nas folhas de exercício no final do livro, completei uma declaração de missão de dez itens que resumi como: SEJA ÚTIL.

O problema é que não deixei que essa atitude de elevada disposição mental afetasse minha vida pessoal. Claro, colei em meu quarto algumas frases de Covey sobre destruir paradigmas e priorizar contribuições, mas minha consciência estava dedicada a mim mesma e a como no dia de amanhã eu poderia ser uma pessoa melhor — mais realizada, recém-promovida, mais magra e apaixonada. Nenhuma autorreflexão podia direcionar meu Honda Civic usado para o prédio de apartamentos de um andar chamado Elkridge Estates a 9 quilômetros de distância, onde a mãe de Greenie se encontrava em sua poltrona reclinável, as pontas de seus sapatos azul-marinho encostando no piso, esperando um visitante entre os cochilos.

Minha prima, Lisa, que trabalhava para instituições de caridade católicas (então também era uma benfeitora), conseguia visitar Cleta uma ou duas vezes *por semana*, parando para um jogo de cartas ou biscoitos de chocolate. Ela me surpreendeu certa vez, dizendo que esperava morar lá, no apartamento de Cleta, depois de sua morte.

Nos dois anos em que vivi em Baltimore, visitei Cleta uma vez.

Era um dia ensolarado, e meu chefe estava em uma conferência sobre doação planejada. Vaguei pelo escritório durante a manhã, dei um longo passeio em Inner Harbor na hora do almoço e, às 3h, não consegui mais ficar sentada à minha mesa. Quando desci as escadas, pensei que sair duas horas mais cedo e passar dez minutos com minha avó era, de certa forma, "licença familiar". Da garagem do escritório, o trajeto até o prédio levou doze minutos. Eu não tinha desligado o motor quando pensei *Quanto tempo duravam as visitas de Lisa?* e *E se Cleta se esquecer de mencionar o fato ao meu pai?* (Um post no Instagram comigo e Vovó *juntas* em uma terça à tarde, #sabedoria #86+fantástico, resolveria o problema, mas 1992 não oferecia ferramentas fáceis para documentar feitos gentis ou dias de penteados incríveis.)

Quando entrei, Cleta estava imóvel como uma pedra, confortavelmente sentada em sua poltrona, um jogo de paciência pausado na TV ao seu lado. O apartamento cheirava a salsicha. Cumprimentei-a com um beijo, e os pelos de seu rosto fizeram cócegas nos meus lábios. Sentei-me diante dela e falei em voz alta sobre coisas que ela possivelmente não conhecia: meu primeiro aniversário no emprego, uma festa da cerveja que minha colega de quarto e eu estávamos oferecendo no fim de semana, um novo sistema de pontos dos Vigilantes do Peso. Ela me acompanhou, assentindo e sorrindo, de fato tão relaxada, que deixou escapar uma longa série de peidos em staccato que me fez lembrar do som da Roda da Fortuna. Quando esgotei as novidades, ela falou sobre como tia Mary ia visitá-la todos os dias e tia Peggy lhe deu aquela planta bonita no parapeito e que tio Dickie viria com uma sopa de mexilhões no sábado. Ela recitou os mesmos casos, repetidas vezes, pulando de um a outro, cada um parecendo tão novo quanto na primeira vez, até que senti que eu já tinha ficado tempo suficiente.

Fiquei ansiosa em contar sobre a visita a meu pai, mas para evitar o custo da chamada interurbana, esperei para ligar para ele do trabalho no dia seguinte.

"Fui visitar Cleta ontem à tarde", eu disse casualmente, como se fosse essa pessoa gentil, afinal.

"Ora, que coisa boa, querida!", Greenie disse. "Aposto que foi muito importante para ela."

Eu amava Greenie demais, mais que a todo o mundo — e você pensaria que eu visitaria sua mãe novamente logo depois só para ouvir a alegria em sua voz. Mas meses se passaram, e a próxima vez em que pensei seriamente em "achar tempo" para Cleta (como se eu estivesse muito ocupada), um ano tinha se passado.

Não que eu não tivesse pensado no assunto. Todos os domingos à noite, nos jantares de tia Mary em que cada um levava um prato, Lisa contava sobre levar ovos recheados e doces para Cleta, e eu silenciosamente reafirmava o compromisso de visitá-la. "Esta semana, com certeza!", eu escrevia no meu diário antes de dormir. Mas amanhecia, e eu pensava no show da banda Little Feat ou em como eu tinha perdido dois quilos em um mês ou quanto dinheiro teria que guardar no ano seguinte se realmente quisesse ir para a Austrália.

Então, acabou. Greenie ligou uma manhã de janeiro, quando eu estava trabalhando. "Acabei de falar com sua tia Peggy ao telefone", ele contou. "Sua avó morreu esta manhã."

"Ah, Deus, papai. Estou tão..."

"Você deveria tê-la visitado mais vezes", ele despejou, em um tom monótono e frio que nunca tinha usado antes.

"Eu ia. Eu tinha planos de ir." Seu nome estava bem ali, eu lhe disse, marcado em minha agenda de mesa do *New Yorker* — sábado, 10h: CLETA

"Você deveria ter ido *regularmente*, Kelly. Ela era sua avó." Comecei a chorar, primeiro de vergonha, depois de um tipo de vergonha secundária por estar chorando de vergonha e não de dor.

"Quando você virá?", perguntei.

"Hoje, mais tarde. Eu ligo para você." Quando ele desligou, ocupado e zangado, murmurei um fraco "sinto muito", mas ele não me ouviu, e, afinal, não era hora para isso. Ele tinha um tributo para redigir, um Buick para abastecer de gasolina, uma dezena de telefonemas para dar.

Escapei de minha escrivaninha para o único banheiro do escritório. Tranquei a porta, baixei a tampa do vaso e me sentei para chorar. Eu tinha sido imatura e egoísta, e ele percebeu, e não havia como compensar isso. Prometi ser uma filha exemplar dali para a frente — prevendo necessidades, pedindo tarefas para fazer, chegando cedo e adequadamente vestida.

Quando meus pais chegaram naquela noite, Baltimore tinha convocado todos os seus Corrigans. Então éramos 56 por nascimento, 20 e tantos por casamento. Encontramo-nos no Ocean Pride, na York Road. O cardápio foi dominado pelo que Maryland considera ser o orgulho do oceano: caranguejos. Bolinhos de caranguejo, caranguejos de casca mole, panquecas de caranguejo, nachos/sopas/bolinhas de caranguejo, biscoitos de caranguejo: você entendeu. No fundo do aposento, nós nos sentamos a mesas compridas comendo patinhas de caranguejo com molho especial de Maryland e tomando cerveja gelada trazida em jarras de plástico. O refrão de "Super Freak" vinha do bar.

Por fim, os brindes começaram. Tia Mary falou sobre o dom da "Mãe" para conversar, cozinhar, sua fé. Tio Jimmy falou sobre sua vontade de ferro e da luta que foi fazer todos seus filhos estudarem. Greenie se levantou em seguida. Cleta era dura. "Quando precisava, podia dar uma bela surra." Ela era habilidosa e criativa, perseverante e leal. Ela era "família em primeiro lugar". Baixei a cabeça. *Família em primeiro lugar.* Eu não tinha aprendido nada?

Naquela noite, fui dormir pensando em como "St. Cleta" era engraçada e acessível, e como teria sido fácil dar uma passada de cinco minutos a caminho de Fells Point para uma noitada de Jägermeister.

Passamos várias horas no velório, realizado em uma casa funerária irlandesa. Por fim, depois de uma hora com o caixão em minha visão periférica, aproximei-me e olhei. Lá estava ela, usando um vestido de lã azul e meias grossas, seus cabelos roxos puxados para cima — como sempre — afastados da testa, as mãos cheias de veias que tinham cozinhado, costurado e dado tapas nos traseiros, agora cruzadas delicadamente sobre o peito. Fiquei admirada com a suavidade de sua pele. Quis tocá-la, mas não ousei; as finas rugas na superfície faziam com que parecesse frágil, contrariando sua lendária tenacidade. Eu me perguntei se isso tinha acontecido depois que morreu.

O funeral foi realizado na manhã seguinte na Catedral de Mary Nossa Rainha, na Charles Street, uma estrutura tão ampla, que o próprio Johnny Unitas poderia ter jogado uma bola de futebol de uma ponta à outra. Os quatro primeiros bancos estavam lotados com seus filhos, netos e algumas dezenas de bisnetos, cabelos penteados ou cacheados. Perfume e laquê se misturavam ao incenso e mofo da catedral. Eu usava um conjunto de raiom da The Limited, uma saia cáqui e jaqueta da mesma cor, ombros estruturados, uma moda iniciada por pessoas como Iman e David Byrne. Atrás de nós, estavam sentadas várias centenas da máfia católica de Baltimore. Todos choravam por Cleta e talvez por outras coisas também. Não me passou despercebido o fato de que, pela primeira vez, meu pai e os irmãos estavam nos bancos mais perto do altar.

Nos degraus da igreja, familiares e amigos estavam reunidos em ternos de lã e vestidos escuros. Cigarros foram acesos. Mulheres calçavam luvas de couro preto. Houve abraços e risos e lembranças, rostos que não eram vistos há décadas. Meus primos sabiam de inúmeras histórias de Cleta — levando-a à igreja, trazendo amigos para vê-la, a época em que ela exagerava um pouquinho no scotch. Eu estava fora do círculo de um jeito que detestava. Andava de um lado a outro, procurando Greenie, seguindo-o. Não estávamos bem ainda, mas ele não estava pensando em mim. Sua mãe tinha morrido.

Por fim, os carros saíram do estacionamento para a "recepção", onde tomei umas seis Bud Light e fumei pelo menos metade do maço de cigarros de minha prima. Cantamos a canção da família, meus irmãos acompanhando meu pai. *C-O-R-R-I-G-A-N significa Corrigan, orgulhoso de todo o sangue irlandês que há em mim, nunca um homem a dizer a palavra envelhecer...* Comemos presunto, sopa Campbell's e cozido com cornflakes e cantamos "Deus Abençoe a América".

No dia seguinte, os Originals voltaram à catedral para a missa da 09h30 sem os cônjuges, que estavam fazendo as malas de plástico rígido em quartos por toda Baltimore e dando de comer aos filhos, que tinham mais que cumprido sua cota semanal de sermões. Eu fui junto com Greenie, ainda tentando encontrar um modo de me reconectar. Sentamo-nos no banco de Cleta. Ele nem notou minha presença.

Minha necessidade de alívio não correspondia à necessidade de sofrimento de Greenie. Se a situação durasse dias, bem, eu teria que me encolher em meu remorso como em um banho frio até ele poder voltar a atenção a questões secundárias. As coisas têm sua ordem intrínseca, e essa ordem deve ser obedecida. Primeiro você abastece o carro, depois você verifica as condições de tráfego no rádio, depois você procura no dial o jogo dos Orioles. Primeiro você visita sua avó, depois vai à reunião semanal da dieta, depois corre até a Pratt Street para encontrar a turma para a noite de promoção de asinhas de frango pela metade do preço.

Quando a missa terminou, nós sete entramos em dois carros para voltar à casa de minha outra avó na Tunbridge Road. Libby cumprimentou a todos com delicadeza. Ela gostava de Cleta. Minha mãe desceu para receber a turma reunida ao redor da brilhante mesa de jantar de nogueira. Ela parecia bonita e segura, como se soubesse o que fazer. Observei sua atitude. Ela serviu cafés e me disse para passar os pãezinhos quentes e garantir que todos tivessem um guardanapo.

Depois de avançar em alguns doces, tio Dickie começou a contar uma velha história sobre os pintinhos que tiveram quando crianças e viveram, por um período em que o dinheiro estava um pouco curto, no campo. Foi preciso quatro deles para lembrar o nome das aves: Barney e Jerry. Eu disse que não conseguia imaginar um mundo onde galinhas eram consideradas animais de estimação, o que deixou claro que eu era a única no aposento que não conhecia a história (até Libby a tinha ouvido), e assim, eu me tornei parte do público.

"Kel, havia um cachorro no vizinho", Dickie falou. "Como ele se chamava?"

"O vira-lata mais feio que já vi", Greenie ajuntou, olhando para mim, o que adorei. "Pepper!"

"Sim! Pepper! Bom Deus, eu detestava aquele cachorro."

Eles eram indistinguíveis, aqueles seis, cada um contando pedacinhos da história, formando uma grande pilha no centro.

"Pepper entrava em nosso quintal e corria atrás dos frangos, perseguindo-os até..."

"Ah, meu Deus, Dickie saiu correndo, lágrimas escorrendo no rosto. Ele estava arrasado! Ele disse..." Meu pai se esforçou para falar apesar da emoção. "Ele disse que deveríamos reuni-los e enterrá-los!"

"Mas, deixe isso para Cleta" — Gene olhou para mim — "para reunir os pedaços e fazer frango à caçadora."

Os Originals explodiram em gargalhadas.

"Cleta jamais enterraria boa comida, querida", Greenie disse, pondo a mão em meu braço. Nossa separação tinha terminado. "E, ah, meu Deus, Dickie *berrou* durante todo o jantar."

As lembranças os deixaram agitados, como crianças brincando de pega-pega. Depois de outra rodada de suspiros, um período de recuperação e de enxugar as lágrimas, Gene disse: "Por Deus, como ela cozinhava. Cleta Corrigan sabia *cozinhar*."

O final de semana relembrando Cleta estava chegando ao fim. Meus pais voltariam para a Filadélfia em poucos minutos. Era a hora.

Encontrei Greenie do lado de fora, junto ao carro, colocando a bagagem no porta-malas.

"Bem", ele começou.

"Estou me sentindo muito mal, pai." Ele se virou para me fitar. "Eu deveria ter visitado Cleta mais vezes. Eu estava errada. Eu fui egoísta."

"É importante. É difícil, quando as pessoas envelhecem. É importante fazer isso direito, Kelly." Eu assenti. "Agora você sabe."

"Agora eu sei", eu disse, em lágrimas.

"E ela era uma mulher maravilhosa."

Assenti de novo.

"Okay, querida, me passe essa geladeira portátil."

Talvez estar errado não seja a mesma coisa que ser ruim, pensei, ou um sinal de que você está podre por dentro. Talvez você seja uma pessoa bacana, uma pessoa com uma declaração de missão pessoal, uma pessoa que deseja ser alguém habitualmente boa e altamente eficiente, e, ainda assim, cometer erros.

O que levei mais tempo para entender é que amar alguém é amar as pessoas que elas amam, ou, pelo menos, *tentar*. Agora tudo está claro para mim: meu pai não estava me pedindo para manter um programa de visitação regular com Cleta como se ela fosse minha dentista. Ele estava pedindo para conhecê-la, aproveitar sua presença, não deixar que ela se sentisse abandonada. Esse foi meu erro. *Eu sinto tê-la deixado de lado, Greenie. Errei em não conhecê-la.*

Eu me despedi de meus pais com um beijo e voltei para meu apartamento, imaginando como seria meu futuro, os filhos que algum dia eu teria e os jeitos fáceis ou estranhos com que eles se relacionariam com Greenie e minha mãe. Eles visitariam meus pais? Eles quereriam fazer isso? Eles se importariam com o fato de ser importante para mim? E eu perdoaria sua previsível indiferença?

Provavelmente sim, porque a história de estar errado nunca termina. Eu perdoaria meus futuros filhos quase tantas vezes quantas eu precisaria do perdão deles. Juntos, praticaríamos uma anistia cíclica, contínua. Seria preciso.

Boa o Suficiente

Muitas das coisas aparentemente espertas que digo saem de conversas com minha amiga Ariel. Às terças pela manhã, deixamos as crianças na escola e fazemos uma caminhada de uma hora ao redor de Piedmont. Ela gosta de subidas, durante as quais consegue falar sem perder o fôlego (ela é muito mais jovem que eu). Gosto dela porque faz perguntas inteligentes, lembra de tudo que digo e saiu inteira de uma infância que faria você se assustar. Além disso, ela sabe e pode explicar inúmeras coisas sobre as pessoas e o jeito como funcionam, não apenas porque é naturalmente observadora e tem um QI emocional do nível do Dalai Lama, mas também porque Ariel é a dra. Trost, psicoterapeuta. Ela escuta, profissionalmente, trinta horas por semana, em um consultório em cima de uma livraria, na College Avenue.

Ela quis ser terapeuta desde sua primeira aula de psicologia no ensino médio. Algumas semanas depois, viu-se fazendo deveres extras, o que levou ao interesse em traumas, que a fez realizar um surpreendente estudo independente: ela entrevistou mulheres que tinham sido vítimas de abuso sexual. "Desse momento em diante, nunca pensei em outra carreira", ela disse.

Ela se formou em Berkeley, na Califórnia, e dois anos depois entrou para o programa de Ph.D. em Austin, na Universidade do Texas. Depois de um ano de trabalhos em classe e pesquisa, começa algo chamado *practicum* [uma espécie de estágio], durante o qual os estudantes acumulam três mil horas de interação com pacientes exigidas para obter a licença. Em outras palavras, depois de completar nove aulas, os alunos avançam, passando das entrevistas ao tratamento dos pacientes. Ariel nem conseguia se imaginar nesse papel. "Eu fiquei aterrorizada. Teria estudado mais cinco anos antes de me sentir pronta."

O *practicum* deveria começar no *campus* de uma pequena universidade católica progressista perto da UT conhecida como St. Ed's que oferecia programas especiais para refugiados africanos. Ariel disse à instrutora que não poderia fazê-lo. Sua mentora no programa, uma mãe de dois filhos com 40 e poucos anos, chamada Laura, pediu a Ariel para descrever suas preocupações. "Ser uma charlatã", Ariel disse a Laura — que tinha credenciais profissionais e, por causa de um violento ataque que a deixou parcialmente desfigurada, uma tremenda credibilidade pessoal — garantiu a Ariel repetidas vezes que estava suficientemente preparada.

Ariel olhou para seu anel de noivado de brilhantes. "Devo tirá-lo? Quer dizer, realmente, como ouso usar isso?"

"Pelo que você sabe", Laura disse, "esse anel sugere que você tem muita instrução, que você é uma pessoa estabelecida e que tem o apoio pessoal que a faz capaz de oferecer apoio aos outros".

Ariel não ficou convencida. "O que eu, com 24 anos, com bom nível de instrução, boa alimentação e amor, tenho para oferecer? Livros? Exercícios em classe? Por que essas pessoas deveriam me confiar suas histórias, seu sofrimento?"

"Porque você é confiável, e ser confiável é o suficiente."

Ariel foi designada a uma mulher de Serra Leoa que se chamava Jean.

"Jean era pequena e tinha 20 e poucos anos", Ariel contou, "mas era extremamente madura". Suas conversas começaram com uma série de avaliações básicas: você é ansiosa? Seu apetite mudou? Quanto álcool você consome por semana? Na sessão, ela era quieta e respeitosa. Era mãe de uma criança de 3 anos e trabalhava à noite em uma linha de montagem de um fabricante de computadores. Levou tempo para que Ariel descobrisse que o chefe dela era estúpido e gritava muito. Durante o dia, Jean estava refazendo anos de estudo que tinha completado em seu país nativo para que pudesse algum dia recuperar seu status profissional; em Serra Leoa, Jean era engenheira.

Entre as sessões com Jean, Ariel se encontrava com Laura, que continuava a assegurar que ela estava à altura da tarefa. "Laura foi a primeira pessoa a dizer 'Você não precisa ser algo que não é. Você é boa o suficiente'".

Lentamente, ao longo de um ano, Jean contou a Ariel que toda sua família tinha sido morta no genocídio, e ela tinha sido estuprada. Jean e seu filho, resultado do ataque, estavam sozinhos no Texas. Jean falava sobre criar o filho em um país estranho, sobre o estresse constante de viver no modo de sobrevivência, sobre como é estar à mercê de um homem revoltado.

Depois de dezenas de sessões, Ariel cresceu na função, tornando-se exatamente o que Laura tinha lhe assegurado que era, ou seja, menos e mais que Ariel esperava. "Eu acho que fui a primeira pessoa que a escutou", Ariel disse, "que ouviu toda a história e a compreendeu. Acho que isso foi o suficiente".

Recentemente, a filha de Ariel, Ruby, teve seu bat mitzvá.

As coisas que os judeus esperam que um jovem adolescente faça durante um bat ou bar mitzvá é — bem, digamos apenas que, comecei a aprender um segundo idioma com a mesma idade e ninguém esperou que eu falasse, cantasse, para a frente ou para trás, de memória ou lendo, sozinha ou na frente de uma multidão por uns bons seis anos. E francês tem as *vogais*.

A preparação, como talvez você saiba, envolve vários anos de aulas semanais de hebraico, além de reuniões pessoais com um rabino — no caso de Ruby, uma mulher pequena de voz aguda chamada Noa. Ruby também precisou completar um mitzvá — um projeto de serviço comunitário importante. Obcecada por cavalos, Ruby criou um programa de bolsa de estudos chamado Tome as Rédeas, para crianças carentes, para ter aulas no estábulo onde cavalgava. "Cuidar de animais torna as pessoas mais empáticas", eu a ouvi explicar para Claire.

O dia chegou. Apertamo-nos em um banco e assistimos, durante noventa minutos, Ruby cantar em hebraico e contar histórias do Velho Testamento. Ruby estava mais que serena. Ela estava no controle. Noa ficou atrás dela, satisfeita, mas não surpresa. No final do culto, Ruby proferiu um *drash*, um sermão para a congregação, algo que nem mesmo freiras — mulheres adultas que estudam a palavra de Deus todos os dias — tinham permissão de fazer na religião de minha infância. Minhas filhas — mais familiarizadas com Jojo e Jordan, de *The Bachelorette*, do que com Jacó e José, da Bíblia — ficaram estarrecidas.

Naquele dia em São Francisco, ficou claro para mim que um bat mitzvá é realmente um coro poderoso de *Você é bom o suficiente*. Foi isso que Ruby ouviu — de seus pais quando disseram que estavam ansiosos por assistir "ao contínuo desenrolar de sua vida maravilhosa", de seus avós, da Rabina Noa, que representava toda a fé de Ruby, e de nós, seus amigos incrédulos. *Você é boa o suficiente*, dissemos em uníssono, significando: boa o suficiente para aceitar nada menos que o resto de sua vida.

Após a cerimônia, acabei conversando com o marido da Rabina Noa, o Rabino Michael, que orienta cerca de cinquenta jovens de 13 anos em seu bat e bar mitzvás todos os anos. Conversamos durante uma hora. Ele tem centenas de histórias que adora contar, e imediatamente ficou claro que tinha encontrado sua vocação; sua fé inundava a conversa.

Comecei perguntando por que o evento ocorre aos 13 anos. "Treze é um momento decisivo, e não apenas por causa de bigodes e curvas. É um momento de crescimento intelectual e emocional explosivo. Mas também é quando a vida tende a ficar traiçoeira. Eles estarão no olho do furacão. Queremos que nossa fé, nossa comunidade, ajude-os a encontrar e sentir o próprio poder." Com *poder* ele se referia especificamente ao poder de participar do mundo de um modo significativo, não como uma criança carente, mas como uma força para o bem.

Perguntei ao Rabino Michael se havia crianças com que se preocupava, crianças que não estavam à altura das exigências da cerimônia e tudo que envolvia. "A taxa de sucesso, até onde tenho visto até agora, é de 100%", ele disse. "Pelo que quero dizer que sempre há crescimento, sempre há uma ascensão." Ele disse que um de seus momentos preferidos no bat mitzvá foi quando uma mãe segurava o microfone diante da filha, e ela o pegou e disse: "*Mãe, eu consigo*".

"Adoro ver uma criança sentir o peso do momento, vê-la entender que tem algo a dizer, que sua voz merece ser ampliada. Agarrar o microfone? Isso foi perfeito demais."

Um dos "dias sagrados mais impressionantes" de sua vida foi o bat mitzvá de Gabriela, uma garota de 15 anos em uma cadeira de rodas que gostava de Green Day, cavalos e Tolkien. Gabriela sofria da síndrome de Rett, uma disfunção genética neurológica que provoca convulsões, problemas gastrointestinais e, muitas vezes, incapacidade de falar, como era o caso dela. Mesmo assim, trabalhando com sua mãe inflexível, Harriet, e um dispositivo que Gabriela podia controlar com o queixo e que lhe permitia digitar, ela completou o mesmo curso de preparação que Ruby.

No dia do bat mitzvá de Gabriela, ela pesava 18 quilos. "Ela parecia flutuar com religiosidade", Michael lembrou. "'Deus está em todo o lugar e em todos', ela disse com sua voz metálica." Ele respirou fundo. "Fecho os olhos e volto para aquela manhã, para aquele momento. Não há presente maior do que ajudar uma criança a ver seu valor, seu poder."

Aos 13 anos, eu gostava de Carly Simon, *As Panteras* e arroz instantâneo com manteiga e sal. Eu não tinha visão do mundo ou minha própria empresa sem fins lucrativos, mas meus professores gostavam de mim, e eu não mentia muito para meus pais. Aos 15, eu tinha caído na rotina — e não era boa.

O segundo ano na faculdade começou bem. Consegui um emprego de US$4 por hora na Villanova Pizza, que me dava livre acesso a calzones e a um aluno do primeiro ano chamado Matt que era mortalmente lindo, mas muito baixo, um ponto fraco que eu achava que me dava, e aos meus seios novos, os quais o flagrei observando mais de uma vez, uma chance. Eu ia trabalhar com roupas cuidadosamente escolhidas — jeans desbotados, uma camiseta com estampa de jacaré, meu Swatch transparente, e tênis da Tretorn. Eu falava sobre qualquer coisa que pudesse me fazer parecer mais velha: shows que planejava assistir, ficar com meu irmão em Washington, e Lee. Antes que eu pudesse comemorar a conquista, Stubby, o gerente, chamou-me para o horrível escritório dos fundos. Depois de me observar durante cinco turnos, ele não tinha escolha senão me despedir. Aparentemente, eu não levava o trabalho a sério, o que provei chegando atrasada, saindo demais para fumar e fazendo clientes esperar ao telefone enquanto terminava outra conversa divertida com Matt. *Ah, meu Deus, sou um fracasso*, pensei, uma opinião que, eu desconfiava, era partilhada por meus irmãos, que nunca tinham sido despedidos, e por minha mãe, embora ela não tivesse usado essas palavras.

Mas então havia Greenie — que riu.

"Não é engraçado, eu sou um fracasso."

"Não, você não é. Você vai encontrar o seu caminho. Você tem qualidades, garota." O que ele poderia estar vendo em mim?

Nem um mês mais tarde, depois de eu ter sido cortada do time de hóquei de campo e elaborado uma campanha fracassada para o diretório acadêmico, fiz pequenos roubos na Sears, vagando de um departamento a outro, afanando guloseimas, até que um segurança disfarçado agarrou meu cotovelo. No escritório, o segurança encontrou dezoito itens na minha mochila, no total de US$56: doces, bijuterias, meias-calças para o próximo aniversário de minha mãe. Mais tarde, naquela primavera, eu me vi encarando uma suspensão de uma semana das aulas por ficar bêbada a ponto de não conseguir andar em uma festa do segundo ano. Cumpri minha pena com garotos que tinham vandalizado armários e feito gestos obscenos *na cara* dos professores. Agora, eu era um deles, um cruzamento de Winona Ryder com Lindsay Lohan. Eu queria ser alguém melhor — secretária da classe e capitã do time de lacrosse —, não Candidata Rejeitada, Atleta Fracassada, Garota Desempregada da Pizzaria, Ladra Pé de Chinelo.

Durante esse ano extraordinário, minha mãe envelheceu uma década, enquanto Greenie, sempre fiel, apenas dava de ombros. Ele ia para meu quarto depois do trabalho, a gravata afrouxada ao redor do pescoço, uma lata de Miller Lite na mão. Sentava-se em minha cama de dossel, cercada por um papel de parede com estampas rosa e branco risivelmente incongruente com a pessoa negligente que vivia ali, e me perguntava sobre minha mais recente transgressão. Eu tagarelava sobre meus fracassos, meus arrependimentos, minha sorte que ia por água abaixo.

"Tudo isso faz parte do crescimento. Você ficará bem, querida."

"Não, não ficarei."

"Você é boa o suficiente", ele dizia, dando tapinhas no meu joelho. "Acredite em mim."

De volta à escola, passando por reuniões do diretório acadêmico e ouvindo anúncios sobre futuros jogos de hóquei de campo, "Você é boa o suficiente" eram as únicas palavras que eu tinha para combater minha profunda intuição, isso sem dizer o aumento das evidências, de que eu era imperfeita.

Na faculdade, logo depois de eu ter sido chamada pelo Conselho Pan-helênico por promover uma festa que envolvia bebida para todos, até para o funcionário enviado pela Sede Nacional para monitorar nosso novo evento, fui despedida de novo, desta vez de meu emprego como caixa no refeitório. Um homem gentil que tinha trabalhado no *campus* durante anos disse que eu tinha sido sua primeira "demissão", mas que ele não tinha escolha depois de saber que eu estava dando Snickers para presidentes de fraternidades, jogadores de futebol e para nosso aluno de intercâmbio mais famoso, um italiano magro de olhos inocentes chamado

Matteo, que era tão *mozzafiato* [incrível], que fiquei tentada em jogar minhas calcinhas para ele também. No outono do último ano, fechei minha carreira universitária com chave de ouro dirigindo embriagada, o que me obrigou a passar a noite em uma cela com uma prostituta chamada Oz e, pela manhã, entregar minha carta de habilitação por seis meses.

Depois da faculdade, desperdicei outras conquistas e me meti em novas confusões. Com 12 quilos acima do peso, eu tomava café o dia inteiro e fumava meio maço de cigarros por noite. Aos 30, quando a maioria de minhas amigas comemorava seu primeiro aniversário de casamento e várias tinham comprado uma casa, eu estava solteira e com uma dívida de US$6 mil. E eu ainda tinha que levar os cuidados comigo mesma a sério. Uma pinta que ignorei se tornou um melanoma invasivo. Mas Greenie, cego para as falhas de seus amados, e, eu soube, ele mesmo com um início tardio, ignorava minha tendência de queda. "Estou lhe dizendo, querida, você chegará lá." *Onde? Quando?*, eu me perguntava.

Finalmente, dez anos mais tarde, depois de me preparar para uma vida decente como uma quarentona funcional, depois que me tornei algo mais próximo da pessoa que Greenie sempre imaginou que eu seria, eu lhe perguntei por que ele tinha tanta certeza de que eu acharia meu caminho. "Sabe, querida, você nunca ficou no chão por muito tempo. Você foi cortada do hóquei de campo e tentou ser animadora de torcida. E então isso não funcionou, e você participou do coral ou da equipe de mergulho. Você não precisa acertar sempre, entende? Algumas vitórias aqui e ali são o suficiente."

É assim que funciona: alguém importante acredita na gente, com alarde e convicção, e apesar de todas as provas em contrário, e, com o tempo, passamos a acreditar também — não em nossa tentativa de sermos perfeitos, veja bem, mas na versão *boa o suficiente* de nós que eles refletiram. Os mentores e rabinos, as avós no bema, têm certeza de coisas em que ainda não acreditamos: que ouvir é ótimo, que há poder no ato de se comprometer com uma causa, que tentar de novo é tudo o que podemos fazer e nosso grande poder possibilitador. Eles veem com clareza que *nós* não estávamos errados; nossa meta é que estava. Eles sabem que somos bons o suficiente, como somos, sem muita coisa mais que nossa intenção esperançosa e respeitável de ficarmos firmes. Eles nos dizem, repetidas vezes, até que possamos ouvir.

Minha mãe foi para a Califórnia para nos visitar em nossa nova casa, que eu tinha criativamente montado com móveis "faça você mesmo" que só mais tarde se tornaram constrangedores. Ela ficou por quatro dias. Na primeira noite, eu a levei a um restaurante italiano em North Beach. Ela ficou impressionada com a comida e com os preços, e se espantou com minha capacidade de estacionar. Na noite seguinte, tivemos visita de amigos. Ela gostou da travessa de petiscos que servi e achou que fui esperta em dar às meninas pequenas tigelas com pimentões e tomates-cereja cortados antes de servir o macarrão com queijo. Durante o café na manhã seguinte, fiz uma lista de compras, separei os recicláveis, atendi a uma ligação sobre arrecadação de fundos para a escola, marquei uma consulta médica, enchi pequenas canecas com suco de laranja e água, encontrei um sapato. Vivi minha vida, e ela assistiu.

No trajeto de carro até o aeroporto, ela suspirou e disse, "Bem, Kelly, vou lhe dizer uma coisa: você é muito competente." Eu quase chorei. Verdade, Greenie tinha falado sobre meu potencial centenas de vezes antes, mas o elogio de minha mãe se baseou em uma observação comprovada. Era uma declaração do que ela considerava um fato.

Se você quiser saber a verdade, nunca pensei em mim mesma do mesmo jeito depois disso. Eu: *muito competente.* Eu e minha vidinha: *boa o suficiente.*

Eu Te Amo

Eu me lembro de ficar um tanto extasiada quando aprendi como os franceses o dizem: *Je t'adore*. Eu estava no ensino médio, e a frase me fez lembrar *kitten heels* [microssaltos], martínis e beijos de língua. Mas realmente, quando você é adulto, *eu te amo* é mais romântico do que o floreado *Je t'adore*. O amor seguro, o amor que atravessou os tempos e driblou suas pressões, é uma emoção intensa, e declará-lo, simples e completamente, muitas vezes provoca uma sensação que me deixa sem fôlego.

Eu te amo não é *eu amo seu riso e sua expressão misteriosa* ou *eu amo como seu sutiã combina com a calcinha*. É apesar de sua pele ter ficado um pouco flácida no ano que passou e embora você arrote muito depois de comer comida tailandesa e não tenha conseguido superar suas inseguranças sociais e pareça não poder ser um pouco mais legal com minha mãe, nem pedir aquele aumento, ainda assim, eu te amo.

Quanto aos nossos outros relacionamentos permanentes, em que as pessoas se conhecem muito bem, acho praticamente incompreensível que, apesar de cada ofensa e esquecimento, ainda podemos dizer *eu te amo* com sinceridade. Acho que essa generosidade emocional às vezes é chamada de perdão. Perdão, imediato, não solicitado e, às vezes, não merecido — é *isso* que faz a roda da vida familiar girar.

Perdoamos: nossos pais, por estarem errados sobre nós de tantas formas, por verem algumas coisas e não outras, por não entender. Nossos irmãos, por serem mais inteligentes ou melhores atletas ou mais felizes que nós. Nossos filhos, por divergir de nossas expectativas, por nos amedrontar com a propensão a correr os riscos normais em seu desenvolvimento, mas ainda assim apavorante, por crescer e nos deixar e se esquecer de ligar. A nós mesmos, por sermos menos do que planejamos quando jovens e sonhávamos com o espaço sideral e medalhas olímpicas. Essa extensa deficiência — nossa, deles, cada vez mais variedades e graus à medida que os dias passam — de ser reconhecido, de ser perdoado. E, no entanto, nós o fazemos. Amamos e somos amados, mesmo assim. Diferentemente, porém, do que teríamos imaginado.

De pai para adolescente, *eu te amo não é eu amo o jeito que nossas interações fazem com que eu me sinta útil e valorizada e como se eu estivesse definitivamente no percentil superior de pais que trabalham hoje. É mesmo que vocês tenham nascido à custa de meus genitais e revirem os olhos quando tento dançar o dab e vocês me encurralem naquela câmera de tortura moderna de música eletrônica e ataques olfativos, Abercrankie e Filth, depois mais tarde no mesmo dia, impaciente para ser levada à casa de Bridget, você buzinou do assento do carona na entrada de casa como se eu talvez trabalhasse para você, eu te amo.*

Ou, de um irmão a outro, *eu te amo não é eu amo o jeito que passamos a compreender um ao outro no mesmo instante e façamos planos sem esforço e sempre nos lembramos de nossos aniversários. É apesar de quase nunca concordarmos sobre algo, incluindo quem deveria ser o presidente, quantas vezes deveríamos ligar um para o outro ou até onde comprar sanduíches, eu te amo.*

Ou de uma mulher de meia-idade para sua mãe, *eu te amo não é eu amo como partilhamos as roupas e o gosto pelo cinema e concordamos em todos os aspectos de criar uma filha perto de 2017. É embora, sempre que conversamos, você me diga como a audição de Joan Jennings está ruim e me pergunta se eu vi o que Mark Cuban disse no* Shark Tank *ou se você deveria comprar um* Roku *ou por que seu avatar na* Netflix *é um guaxinim roxo e então nós fingimos que um dia você virá para a Califórnia de novo, mesmo que tenham se passado cinco anos e ambas saibamos que você nunca mais entrará em um avião de novo, eu te amo.*

Ou a um parente agonizante — nesse caso, seu pai —, *eu te amo* não é *eu amo seus conselhos profissionais certeiros ou como você sempre é franco. É apesar de você ter dito que se sentia melhor depois de eu ter alisado seus cabelos macios e ter colocado uma pílula no fundo de sua língua e lavado sua dentadura com água corrente e trocado sua fralda, apesar de eu ter lhe implorado para não partir — ou se tivesse que ir, apenas abrisse os olhos mais uma vez — e eu não consigo encontrá-lo em nenhum lugar exceto na minha secretária eletrônica onde sua voz de garoto me pergunta se assistimos ao último jogo do Notre Dame, eu te amo.*

A primeira vez, as palavras passam entre duas pessoas: eletrizante.

Dez mil vezes depois: motivo de admiração.

A última vez: o sonho que você revisita vezes e vezes sem parar.

Sem Palavras

Quando testemunhamos virtuosismo — uma bandeja sensacional de Steph Curry no basquete ou minha amiga Cava dirigindo o coral da Escola de Artes de Oakland de olhos fechados —, para que servem palavras desajeitadas? Foi por isso que inventaram expressões faciais. E brindes, passos de dança, gestos com as mãos e emojis.

Outro problema com a linguagem é que reunir palavras em uma frase exige que liguemos nossa máquina de pensar, o que necessariamente pede algum foco, de modo que, assim que começamos a decidir como explicar um sentimento, não estamos mais sentindo o sentimento completamente, e alguns sentimentos querem ser sentidos em toda sua intensidade.

Por esse motivo, depois que Liz morreu, eu não queria falar com ninguém. Eu só queria me sentar e sentir, muitas vezes com a mão sobre a boca, outras fechando os olhos e balançando a cabeça para ninguém. Ela se arrastou pelo último mês de sua vida sob efeito de Percocet e Fentanil, tentando aguentar até o Natal, que ela tinha planejado realizar como sempre tinha feito: priorizando a gratidão e o espírito de união, deixando de lado listas de presentes e consumo. Então ela se foi, e o telefone começou a tocar. Uma semana depois, eu devia ligações a dezenas de pessoas, amigos que tinham ouvido a terrível notícia e queriam se solidarizar.

Eu sofria por algumas delas — perder um amigo torna os outros mais importantes —, mas não consegui retornar as chamadas. Tentei, com minha amiga Julie, mas aconteceu uma coisa... eu me fechei em uma concha, o que me fez soar superficial e falsa. Ela disse *Ela lutou muito.* Eu disse *Pelo menos ela não está mais sofrend*o. Julie disse que minha presença tinha sido *muito reconfortante* para Liz. A conversa foi adorável, banal e lamentável. Arrumamos o que não deve ser arrumado, porque quem pode ficar parado com toda esse horror solto ao nosso redor? E, afinal, foi *um telefonema.* Uma pessoa diz uma coisa, o interlocutor diz outra. Não ficamos apenas respirando nos fones um para o outro.

Havia outro risco, o de eu ligar para alguém e não falarmos sobre Liz o *suficiente.* Eu me flagrava mostrando interesse por outro assunto, como a contusão do filho no jogo de basquete ou uma perturbadora troca de mensagens de cunho sexual entre adolescentes. E se eu a perdesse de vista por um segundo? E se acidentalmente eu me preocupasse com a reforma da cozinha de alguém ou com qual iPhone comprar? Então eu seria como todos os outros no ônibus, pensando meus pensamentos de mim mesma, fraca demais até para manter a pose de sofrimento por algumas semanas.

E havia um terceiro problema. Liz tinha estado doente desde 2009; as pessoas tinham se preparado. Essas pessoas, pós-emoção, pontuavam a conversa com palavras reticentes, como *bem*. Eu detestava *bem*, o jeito que isso atraía a palavra *afinal* aos lábios. *Aquelas pobres crianças* fazia eu me arrepiar, do jeito que *aquelas* colocava *pobres crianças* à distância. E *foda-se o câncer* e sua falsa coragem, o jeito que tem sido graficamente desenhado de modo a formar um quadrado perfeito, para ficar bem no Instagram. A menos que eles estejam bancando o Paciente Corajoso para alguém que não teve câncer, ninguém que tem câncer diz *Foda-se o câncer*.

Certamente, *minha amiga*, minha amiga perdida e amada, exigia palavras novas. Por um momento, eu diria que ela foi *roubada* ou *ludibriada*. Depois que a potência da metáfora do crime se desgastou, eu me voltei ao vocabulário da religião. *É um pecado. É um inferno.* Então o oceano com suas *ondas*, tão *vasto*, impossibilitando chegar ao fundo. Então um labirinto, depois uma montanha, seguida pelas estações, um desastre natural. Nunca consegui uma combinação que chegasse perto do sentimento. O desespero desafia a descrição. Pergunte aos dançarinos e aos atletas, aos pintores e músicos, pergunte a qualquer um que tenha participado de um momento de silêncio: o alcance da linguagem chega a ser risível.

No verão antes da morte de Liz, nossas famílias se encontraram em Big Sky, Montana, para uma semana de caminhadas, rafting em corredeiras e jantares em mesas compridas. Como sempre, ela se concentrou em seus filhos, observando seu estado de ânimo, procurando perigos, apanhando-os antes de terem um acesso de raiva. Ela era a maior especialista naquelas três pessoas; ela sabia interpretar a linguagem corporal delas como um mapa meteorológico do radar.

Antes do jantar da última noite, enquanto os rapazes estavam na varanda tomando um uísque e falando sobre Elon Musk, Liz e eu saímos para um passeio e ela me contou um sonho que tinha se tornado uma fixação, um sonho sobre o que acontece depois que as mães morrem.

"Estamos todas nesse lugar. Todas as mães que têm que partir cedo." (Eu repeti a frase inesquecível — *têm que partir cedo* — para Edward, quando fomos dormir, naquela noite.) "É enorme, tão grande quanto um hangar de avião, e há muitas cadeiras, fileiras e mais fileiras, arrumadas em um chão de vidro, para que todas as mães possam olhar para baixo e assistir seus filhos viverem o futuro." Como é dominante a dor de saber o que será de nossos filhos! "Há uma regra: você pode olhar o tempo que quiser, mas só pode interferir uma vez."

Assenti, com lágrimas nos olhos.

"Então eu me sentei. E olhei. Eu os vi na piscina, nadando com Andy, tirando um cochilo em uma toalha. Eu os vi no trepa-trepa, rastejando, lendo seus livros infantis. Vi Margo errando o caminho ou esquecendo a lição de casa. Vi Dru ignorando o treinador. Vi Gwennie registrando seus sentimentos em um diário. E sempre que eu ia intervir, avisar uma das crianças sobre algo ou só pegá-los e abraçá-los, uma mãe mais experiente se inclinava e me impedia. *Agora não. Ele vai encontrar um jeito. Ela saberá o que fazer.* E continuou assim o tempo todo, e, no final", ela disse, sorrindo com os olhos marejados, "eu nunca precisei usar nenhuma de minhas intervenções".

Seu sonho era que ela tivesse, em sua vida curta demais, dotado os filhos com tudo de que precisariam para ultrapassar os obstáculos da adolescência, da juventude e da vida adulta.

"Quer dizer, eles tinham mágoas, remorsos e lutas e ossos quebrados", ela disse, parando para descansar. "Eles cometeram toneladas de erros, mas não precisaram de *mim*. Eu nunca tive que dizer ou impedir nada. Eu nunca disse uma única palavra". Ela apoiou o braço no meu, e recomeçamos a andar de volta para a casa, braços encostados, pisando no cascalho, as vozes misturadas de nossos filhos vindo pela porta que deixáramos aberta.

Uma vez por semana, tiro todas as joias, entro em um avental azul de poliéster de voluntária, prendo etiquetas de identificação na lapela, e dirijo 8 quilômetros por Piedmont e pela rua 52 até nosso hospital infantil local. Estaciono, tomo o elevador até o segundo andar e toco o sinal da UTIN. Diante de uma parede com pias de metal, higienizo as mãos até os cotovelos durante um minuto, apreciando o cheiro do sabonete e o som da escova em minhas unhas. Eu me enxugo, coloco o avental esterilizado e ando até os berçários, atenta aos bebês inquietos.

Às vezes, as três salas estão calmas. Quarenta e tantas crianças dormindo depois de uma cirurgia cardíaca ou se recuperando de um parto traumático ou aguardando o amadurecimento dos pulmões. Alguns prematuros, menores do que a bolsa com medicação que goteja para dentro deles, estão em unidades de isolamento de plástico transparente. Alguns bebês estão ali há meses.

No período de cerca de um ano desde que comecei o trabalho voluntário, nunca levou mais que alguns minutos para uma enfermeira me chamar e me colocar junto a um bebê.

No início, eu me preocupava com a possibilidade de ofender as mães. Certamente, elas não gostariam que uma mulher desconhecida segurasse seus frágeis anjos. Mas elas querem. Todas elas. Poucas têm condições — financeiras, emocionais ou de logística — de ficar no hospital dia após dia quando o bebê precisa ficar semanas ou meses na UTIN. A maioria tem empregos aos quais tem que voltar, pelo salário e pelo seguro-saúde. Muitas têm filhos mais velhos que precisam de alimento, carona e atenção. Outras famílias moram tão longe, que só podem vir dia sim, dia não. Algumas mães são adolescentes que frequentam a escola ou uma faculdade comunitária. E várias são dependentes químicas que nunca voltam para buscar os bebês. Mesmo essas, talvez principalmente essas, querem que seus filhos sejam carregados no colo.

Embora eu sempre fique curiosa em saber detalhes sobre seus traumas e problemas, leis de privacidade proíbem qualquer referência a informações pessoais ou médicas para voluntários. Mesmo porque não seriam úteis, não para os bebês, a quem estou ali para ajudar. Como na maioria das situações, não é importante por que alguém sofre, apenas que o fazem.

Uma funcionária antiga chamada Bette me treinou por várias semanas.

Bette é uma mulher pequena com cabelos grisalhos cacheados e olhos azuis. Durante 35 anos, ela vem treinando novos pais a segurar os bebês, como massageá-los, enfaixá-los, amamentá-los e banhá-los. Ela tem um olho clínico para linguagem corporal e sabe coisas sobre silêncio e seus confortos especiais. Ela não encara cada dia como um projeto; ela não precisa ter progressos para informar. Ela está lá para acomodar. Para acalmar. As conquistas em uma UTIN são muito sutis.

Seguro os bebês como Bette me ensinou a fazer, atenta aos seus minúsculos movimentos — tensão na testa, movimentos bruscos, encaixando-se com firmeza no meu peito (como se ali houvesse ainda alguns gramas a mais). Examino atentamente tufos de cabelos, na cabeça, no rosto e nos braços, pequenas Noites Estreladas da mais fina seda. Analiso dedos, articulações e unhas. Estudo o contorno do couro cabeludo — penínsulas, redemoinhos, testa pequena ou uma linha reta como que desenhada com uma régua. Imagino se seus lábios, tão finos agora, desabrocharão como os de Claire, ou se seus cabelos, tão escuros, ficarão dourados mais tarde, surpreendendo a todos. Quando tenho certeza de que não vou perturbá-los, removo minúsculas escamas de pele ressecada de seus ouvidos.

As luzes são fracas. As enfermeiras sussurram.

Os monitores piam e zunem. Os bebês descansam. Minha respiração longa se estende além de três respirações deles.

Quando estão acordados, os bebês nem sempre olham para mim. Eles fixam o olhar em uma luz ou em um ponto na distância ou em um móbile próximo. Na semana passada, porém, um menino com a cabeça inchada e um desvio perto da têmpora encontrou meu olhar e me fitou. Nós nos encaramos, piscando, cada piscadela mais longa que a anterior, até que ele não conseguiu mais manter as pálpebras abertas, e seus cílios brilhantes e escuros se fecharam como uma planta carnívora sobre uma mosca. Ele ficou repousando em meu peito durante a próxima hora, as batidas de meu coração, meu calor e humanidade sendo uma melhoria incalculável em relação ao seu berço indiferente. A pele anseia pelo toque, do nascimento à morte.

"Silêncio e proximidade — isso é tudo de que precisam", ela sussurrou para mim.

Certa vez, Georgia me perguntou se realmente precisávamos conversar tanto no trajeto da escola para casa. Ela estava contente em me ver, mas imaginou se eu poderia permitir que ela não o demonstrasse. Ela falava o dia inteiro, respondia às perguntas de todos os adultos e encontrava uma resposta inteligente para os insultos e gracejos de todos os garotos idiotas. Às 15h45, ela estava pronta para olhar pela janela sem dizer nada.

Nos dias em que fico com os bebês, fico mais próxima ao silêncio às vezes exigido dos pais. Minhas necessidades diminuem. Sou deixada do lado de fora de minha vida, criticando-a, e mais *dentro* dela, movendo-me em silêncio, até com reverência, por seus espaços, impressionada pelo modo como duas pessoas — até uma mãe entusiasmada e sua adolescente exausta — podem se abraçar sem se tocar e comemorar uma com a outra sem dizer uma palavra.

Para a Frente

Querida Liz,

Estou escrevendo de minha cadeira no canto da cozinha onde sempre me sentava quando estávamos ao telefone. Faz um ano e meio que você nos deixou.

Acabamos de voltar de uma visita a Andy e as crianças. Nós os vemos com frequência. Acho que foram cinco vezes no ano passado. Edward viajou até lá alguns dias depois de você morrer. Ele tomou um táxi para a sua casa, e, quando passou pela porta da área de serviço, Andy e as crianças estavam na cozinha, à mesa, selando e endereçando cartões de Natal. Eles enviaram 225. O cartão dizia: "Contando Bênçãos". Lambchop ganhou um camafeu nas costas. Quando Edward chegou em casa, me disse: "Você tem certeza de que 'não temos energia' para enviar cartões este ano?"

Quando chegou seu aniversário, em junho, fomos até sua casa para um fim de semana longo. Os Lowes também foram. Comemos *kringles* [tipo de pretzel dinamarquês] de manhã e espaguete com o seu molho à noite. Ninguém pegou o garfo até que todos estivessem à mesa. Eles seguraram as mãos e fizeram uma pausa antes de comer. Eles disseram, *Obrigado pela comida a nossa frente, as pessoas a nossa volta e o amor entre nós.* Eles falaram depressa, como se não significasse nada, mas é uma oração sua, e eles sabiam e o sentiram, e nós também. Ouvimos uma playlist do seu telefone (que Andy carrega no bolso o tempo todo). The Alabama Shakes, aquela música "Cotton Eyed Joe", Billie Holiday. Contamos histórias, como aquela de que Dru gosta sobre o dia em que você matou uma aranha no banheiro sem piscar e no dia em que encontrou uma cobra na canoa. Sentamos do lado de fora a uma mesa comprida e trocamos pequenos presentes de que você teria gostado. Meias engraçadas, uma carteira de plástico brilhante, um diário. Sem pressa. Cada presente foi passado em volta. Permitimo-nos sentir nossas conexões, nossa gratidão, você. Decidimos transformar o encontro em uma tradição anual.

No dia seguinte, encontrei Andy fazendo suco de beterraba com as crianças. Ele pegou uma gigantesca centrífuga de metal, aquela que o irritava. As meninas colocavam pedaços de beterraba e gengibre e pepino no bocal. Dru jogou fora a polpa. Eles tilintaram seus pequenos copos, os com bicicletas coloridas que você guardava na prateleira baixa perto da pia. Andy me viu do outro lado da cozinha, com um sorriso afetado, e disse: "É, é, eu sei." Eles tomaram tudo, Liz. E ficaram com bigodes cor de beterraba.

Naquela tarde, fomos todos assistir Gwen jogar beisebol. Quando ela tirou seu capacete e aqueles cabelos brancos caíram, estava tão parecida com você, que estremeci. Ela e Margo ainda se movem em conjunto. Elas leem os mesmos livros e dormem uma ao lado da outra todas as noites.

Um mês depois, as crianças foram ao acampamento Kesem, em San Diego. Elas adoraram. Seus nomes de guerra foram M&M, Kit Kat e Tic Tac. Elas já se inscreveram para este verão. Aposto que irão todos os anos, e quando forem à faculdade, serão conselheiros — os mais solidários conselheiros.

Nossa tradição do Dia de Ações de Graças continua. A sua gangue veio até nós, desta vez. Andy trouxe as bandeirolas do Cordão da Gratidão que fizemos com você no ano passado. Ele o guardou em um envelope de papelão para não amassar, e eu o ajudei a pendurá-lo em nossa sala. As crianças adoraram vê-lo de novo; elas riram dos desenhos desajeitados e de como uma delas escreveu *agadecidos* errado, mas acertaram *cientistas combatendo o câncer*. Abafei um gemido quando reconheci sua letra. Era como se você estivesse perto de nós. Proferimos uma longa oração de graças. Brindamos às grandes pessoas que tínhamos conhecido no ano anterior.

Depois do jantar, Gwennie teve dor de estômago. Eu a levei para o andar superior, e nos esprememos juntas em uma poltrona. Tínhamos passado o dia com um grupo grande e lhe perguntei se era difícil para ela ouvir todas as outras crianças dizendo *Minha mãe disse que podemos repetir a sobremesa... Acho melhor perguntar para a minha mãe... Mãe, podemos assistir Nemo depois do jantar?* Gwen fez que sim, e choramos juntas. E então, meia hora depois, ela vomitou, e me perguntei se tinha interpretado mal a situação e misturei um problema físico com emoções. Se o fiz, peço desculpas.

Na manhã, enquanto tomávamos café, Edward fez um discurso para as crianças sobre como só se deve fritar bacon em uma frigideira de ferro fundido, e eu revirei os olhos, e Andy brincou: "Aceite as idiossincrasias." Edward se irritou comigo depois por mudar o plano da tarde várias vezes, e Andy se apoiou no balcão da cozinha para se acalmar e disse: "Sério, gente, aceitem as idiossincrasias." Ele não tinha tentado encobrir as falhas de seu casamento; ele lembra o conflito, as desavenças. Ele diz que as lutas são o que tornam um casamento o *seu* casamento. Ele agora pode agir do jeito dele, mas, na verdade, metade do tempo faz do seu jeito.

Estivemos juntos recentemente em sua casa em Montana. Edward e eu ficamos no quarto principal, exigência de Andy. Ele dormiu com Dru naquele enorme colchão no canto. As meninas tinham um quarto com beliches no andar de baixo. Então, muitas coisas deram certo.

Dru, aos 10 anos, é impossivelmente magro, musculoso e lindo. Talvez ele esteja apenas crescendo ou talvez tenha algo a ver com você, mas ele jogou Yahtzee, perdeu, e não houve problemas. Ele ainda é um furor nas ladeiras, sempre o primeiro a chegar embaixo, mas ele se reveza e parece mais controlado em todos os aspectos. Liz, quando olho para ele, você está bem ali, e juro por Deus que ele sabe. Ele sabe que estou olhando para você, e ele adora. Ele fixa meu olhar, e me deixa entrar. Há algo em sua pele, seus olhos; ele tem uma luz interior.

Margo se adaptou à nova escola. No ano que vem, vai para o nono ano. Ela está mais ocupada. Vôlei, festinhas, dias na praia. Ela começou lacrosse este ano. Nós lhe enviamos várias regatas de malha. A mente dela ainda vagueia. Ela fica com aquele ar sonhador, e eu rio, imaginando o quanto você ficaria feliz em saber que ela não mudou, que a perda não a arrancou de dentro de si mesma.

Gwennie está para terminar o sexto ano e ir para a Pacific Ridge com Margo no ano que vem. Ela está planejando seu 12º aniversário; ela quer ir a uma biblioteca. Eu sei, é perfeito. Nós três conversamos no elevador de esquis juntas este inverno. Garotas espertas. Profundo. Gwen estava usando seu capacete roxo. Pareceu certo dizer que elas ficariam muito bem em suas roupas. Elas sorriram. Eu disse: "Vocês têm sorte por sua mãe ter sido tão elegante; minhas filhas nem olhariam para minhas calças cáqui." Elas riram. Eu me arrependi de ter dito "vocês têm sorte".

Nessa tarde, quando voltamos do passeio de snowboard, Gwen deixou que eu a abraçasse por um longo tempo. Eu estava deitada em seu sofá usando ceroulas diante do fogo que Edward acendeu e Andy reavivou. Estendi os braços, ela veio se deitar em cima de mim, e eu a abracei por você, durante o tempo em que ela deixou. Pelos menos, duas canções. Então Margo anunciou que era hora de fazer brownies, e ela me deixou. Foi um momento sublime.

Na manhã em que partimos, fiz uma trança francesa nos cabelos de Margo enquanto Andy assistia. Ele disse que tentou aprender, mas as meninas faziam melhor sozinhas. Dru disse que esquecemos de jogar nosso jogo de Família Feliz, e prometemos fazê-lo na próxima vez. Nós nos abraçamos, e todos disseram "eu te amo", o que agora fazemos sempre.

Andy passou muito tempo pensando em como lidar com o dia 12 de dezembro, o primeiro aniversário de sua morte. Ele decidiu começar o que será uma tradição anual envolvendo histórias e fotografias. Pediu a nós cinco — sua irmã, seus pais, eu, Jessica e Jen — que encontrássemos fotografias suas e escrevêssemos alguns parágrafos sobre elas. Ele nos orientou para sermos específicos. Comprou quatro pastas com parafusos para que ele e cada um dos filhos pudesse ter a sua, para onde fossem, sempre. Falei sobre seu espírito de atleta, pois me lembro de você dizer que detestaria que seus filhos só lembrassem de você enrolada em cobertores deitada no sofá. Eu lhes disse que você era a melhor atleta que tinha conhecido.

Os álbuns aumentarão a cada ano. Nós cinco continuaremos a dar uma fotografia e contar uma pequena história, e é assim que sua família passará o dia em que você morreu, porque Andy quer lembrá-los de coisas que eles podem ter esquecido ou ser pequenos e distraídos demais para notar, e à medida que crescerem e puderem entender seus aspectos adultos e mais complexos, ele quer que continuem a conhecê-la. Estive lá um mês depois para uma rápida visita de uma noite, e ele estava com as pastas em cima do balcão. Ele me entregou uma, e a folheamos. "Realmente foi muito bom", ele disse. "Nós ficamos — *felizes*." E eles estavam, nesse dia e em muitos outros.

Eu sei que isso não acaba — não ter mãe. Eu sei que você nunca vai parar *de não estar lá*. Mas seus filhos estão conectados, Andy mantém um espaço para vivenciarem sentimentos duros e difíceis, e eu acho que eles podem amar e ser amados. E, como sempre dissemos, isso é tudo.

Eu me lembro de muitas de nossas conversas sobre o que aconteceria depois de sua morte. O que seria de Andy. Sobre seus medos de que ele se escondesse no escritório, bebesse demais ou gritasse com as crianças. Nada disso, Liz. Ele está lendo C. S. Lewis, vai a grupos de apoio ao luto e nada três vezes por semana. Ele tira alguns dias de licença, está aprendendo a cozinhar e pegando leve nos Manhattans. (Ele disse que não pode se dar ao luxo de ficar de ressaca agora que é uma mãe.) Todas as terças-feiras, ele caminha com Jen, o mesmo trajeto que vocês costumavam fazer. Eles falam sobre criar as meninas. Ela o fez comprar tampões e absorventes higiênicos e colocá-los em todos os banheiros.

Recentemente, quando ele trouxe as crianças para uma visita em nossa casa, disse a Edward que nenhum pai conhece as filhas como a mãe; Edward não concordou. Ele disse que tinha uma ótima relação com Georgia e Claire. Andy disse: "Eu sei disso. Só estou dizendo que é impossível você conhecê-las *tão bem* quanto Kelly." Ele disse que, em metade das brigas que vocês tiveram, ele a acusava de se preocupar demais e exagerar nas coisas. Agora, ele diz, *eu entendo muito bem.*

Ele fez um amigo chamado Dennis cuja mulher morreu há quatro anos. Às vezes, eles se encontram para um café. Acho que é um meio para Andy ver o futuro. Dennis está namorando; acho que está mesmo apaixonado. Eu lembro Andy do quanto você queria que ele encontrasse uma nova pessoa, que você não queria que ele ficasse sozinho. Ele sabe disso. Ele está um tanto obcecado com a ideia de alguém dormir no seu lado da cama e como isso nunca deve acontecer. Mas então, alguns meses se passaram, ele entrou no quarto, e lá estava Gwen, no seu lugar, com sua luminária acesa, lendo. Essa noite *ele* dormiu no seu lado da cama. E isso funcionou. A nova pessoa, quando quer que ocorra, seja quem for, poderá dormir no antigo lado dele.

Ele teve a primeira paixão passageira por uma mulher — ele disse que se sentiu como um adolescente —, mas que não está pronto. Não consigo imaginar a sorte da mulher que viverá com Andy Laats como ele é agora. Ele é duas vezes o homem que era, depois de perder você, e, de certo modo, ela vai se casar com vocês dois. Ele sabe que você deu a Jen, Jessica e a mim direito de veto, e me disse que você deixou uma carta para ela.

Ele tirou a aliança de casamento em uma tarde, mas detestou ficar sem ela e a recolocou. Ele descobriu como evitar conversas desconfortáveis com estranhos que perguntam onde está a esposa. Ele diz: "Sou pai solteiro", e isso os cala. Mas para mim, ele explicou que ainda está casado, que seu relacionamento ainda o desafia, o deixa maluco, o mantém honesto e leva à superfície as melhores partes dele.

Ele chora muito. Seus olhos ficam vermelhos, cheios de lágrimas que escorrem pelo rosto, e ele simplesmente continua a falar. Ele não desvia o olhar nem se desculpa ou pigarreia. É maravilhoso como ele deixa isso acontecer. Você está bem ali, em seus lábios, em sua garganta, o tempo todo.

Todas as noites, depois que as crianças vão para a cama, ele escreve o plano para o dia seguinte em um quadro branco na cozinha. Ele se obriga a criar uma ideia nova todos os dias. Quinta-feira Sedenta. Sexta-feira da Virada. Sábado Encharcado. Ele anota a programação básica e eventos e lembretes especiais. Geralmente também há um pequeno desenho. Uma bola de futebol, se Gwen tem um jogo; um cupcake, se há um aniversário naquele dia.

Ele faz muitas panquecas. Cerca de um ano depois, ele encontrou gorgulhos na farinha. Ele não queria jogar o pacote fora, porque você o tinha comprado. Você abriu e fechou o pacote. Você usou essa farinha. Ele teve que se convencer de que você não estava na farinha, que você está nas ações, não nos objetos. Assim, ele pegou o fermento e alguns temperos e a farinha e jogou tudo no lixo no quintal. Ele substituiu tudo, e quando quer você de volta, ele e as crianças cozinham juntos.

O primeiro aniversário dele sem você foi desanimado. No de 50 anos, Jen o apanhou com um Uber, e eles saíram e encheram a cara. Nesse fim de semana, ele e os filhos fizeram um churrasco em família. Suas fotos usadas no dia do funeral ainda estavam espalhadas pela sala. Ele achou que a casa dava a impressão de que a cerimônia tinha sido no dia anterior, e guardou algumas fotografias. Foi um primeiro passo.

Andy tem uma grande lista de coisas que ainda não consegue, mas sabe que precisa fazer. Seu closet está intocado; seus vestidos, seus sapatos, suas meias e suas velhas roupas de ginástica. Sua loção, seu perfume, seus produtos para os cabelos. Na última vez em que estive lá, entrei no banheiro para tocar algo seu. Havia um moletom com capuz em um gancho, pendurado tão casualmente, que parecia ter sido usado naquela manhã. Andy sabe que precisa esvaziar o closet. Falamos sobre isso. Eu disse que o ajudaria. Ele agradeceu, mas não faria isso no momento. Ele deixou que eu tomasse emprestado um par de seus tênis, aqueles coloridos, para dar uma volta com ele e Jen. Eles eram um pouco pequenos. Quando voltamos para sua casa, eu queria levá-los comigo, mas ele me fez colocá-los no lugar.

Suas cinzas ainda estão em uma caixa. Ele está começando a pensar sobre isso. Talvez ele leve algumas para a praia e depois o resto para Vermont, onde vocês tinham planos de envelhecer juntos. Ele estava um pouco zangado por você não ter lhe dito exatamente o que fazer com elas. Não queria cometer erros. Mas então ele decidiu que você não queria que lhe dissesse onde espalhá-las, que você quereria que ele as liberasse em algum lugar fácil, algum lugar a que ele e as crianças gostassem de ir.

Ele luta contra o remorso. Ele não entendeu, naquelas últimas semanas, o quanto você estava perto da morte. Você sempre esteve adiante dele; *o corpo sabe*. Ele levou Gwen para o jogo de futebol no dia em que você morreu. Ele tem dificuldade em pensar nisso, mesmo estando em casa tempo suficiente. Eu lhe disse que você morreu sabendo que era amada, mas ele ainda não quer se perdoar.

Esquecemos algo, você e eu. Em todos os momentos em que nos preocupamos se Andy poderia ser mãe e pai, se ele poderia suportar a solidão e a frustração e as milhares de minúsculas falhas, esquecemos algo essencial sobre ele: Andy é um estudante nota 10, um aluno entusiasmado e determinado. Ele lê e relê seus diários e os usa como um mapa.

Eu deveria ter entendido isso quando ele falou na cerimônia do funeral. Ah, Liz, foi — penso nisso o tempo todo — foi transcendental. Devia haver umas setecentas pessoas ali. Cada amigo, professor e antiga babá. Andy passou vinte minutos contando sua história de amor. Você quereria que ele a resumisse, mas eu lhe disse que estava tudo bem repassar cada detalhe. Cada pessoa ali poderia ficar ouvindo durante horas. Nós queríamos a versão longa. Ele falou sobre seus olhos e seus "malares de supermodelo". Ele disse que sentia falta de pensar com você e de observá-la tomar uma decisão. Ele adorava seu senso de certo e errado, seus padrões elevados, seu foco determinado em criar um lar amoroso e relaxado para Dru, Gwen e Margo. Ele terminou tentando nos explicar como as pessoas seguem adiante depois de uma perda. Foi a melhor coisa que já ouvi sobre a dor.

As pessoas perguntam como estamos indo. Durante séculos, poetas tentaram descrever o amor, a perda, a morte e como esses fatos transformam a vida. Assim, quero deixar as expectativas das pessoas sobre o que vou dizer no mesmo nível. Está além de minha capacidade descrever como estamos indo. Pronto. Suas expectativas estão suficientemente baixas? Ótimo. Agora, vou tentar.

Vocês se lembram da *Apollo 13*? Como filho de um engenheiro que trabalhou no sistema de navegação dessa e de outras missões *Apollo*, prestei alguma atenção à história. Foi mais ou menos o seguinte:

A missão da *Apollo 13* era explorar uma porção da Lua. Antes de a espaçonave atingir a Lua, houve uma explosão a bordo que a incapacitou parcialmente. Acho que foi um tanque de oxigênio. A nave danificada não tinha oxigênio ou potência suficiente para completar a missão. Assim, a missão de pousar na Lua foi abortada, e os astronautas trabalharam freneticamente com o Controle da Missão baseado em terra para elaborar outro plano.

O dano estava feito. Não havia potência suficiente para simplesmente voltar. Também não havia oxigênio suficiente para um tranquilo trajeto para casa. Eles precisavam de um modo de dar meia volta e chegar em casa depressa, usando muita pouca energia no processo.

Decidiu-se que a nave usaria a força da gravidade da Lua para propulsioná-la de volta à Terra. Se a nave pudesse precisamente entrar na órbita da Lua, dar a volta por trás e então sair de sua órbita no tempo exato, ela poderia redefinir sua trajetória e, criticamente, conservar energia suficiente para voltar à Terra em segurança. Tudo isso ao mesmo tempo em que mantinha intacta a integridade estrutural da nave e, consequentemente, protegendo os astronautas.

Geralmente, nas missões *Apollo* há uma conexão total e constante entre a nave e o Controle da Missão. A fim de fazer o plano funcionar, deveria necessariamente haver silêncio enquanto a nave disparava por trás da Lua. Os astronautas desapareceriam e, se tudo funcionasse, eles reapareceriam.

A velocidade da nave voando para a órbita parcial da Lua foi crítica: depressa ou devagar demais, e a energia se esgotaria. A direção da nave era igualmente crítica: apenas uma fração fora de ângulo, e a trajetória de saída estaria errada. A nave poderia bater se chegasse perto demais. Por outro lado, ela não receberia o impulso gravitacional da Lua se estivesse muito longe, e, sem isso, a nave flutuaria no espaço. A tripulação e o Controle da Missão se viam diante de uma catástrofe. E com esse cenário, eles obtiveram êxito.

Então, onde está a metáfora?

As crianças e eu somos os astronautas. Estamos na nave, um pouco danificada, tentando descobrir o que fazer em seguida diante da incerteza extrema. Liz desempenha dois papéis. Primeiro, ela é a Lua. Como a Lua, ela nos fornece a força para nos impulsionar de volta à Terra. Precisamos de sua força; não temos força própria suficiente. Sua gravidade age como um cabo e um propulsor. Fomos sugados para sua órbita por um breve momento, ganhando velocidade e revertendo a direção, só para gastar nossa preciosa energia limitada para sair por conta própria para o caminho em frente, sua presença maciça nos acelerando de volta para casa, como exigido pelas leis da física de Deus.

Não podemos estar com ela; não podemos pousar e nos unir a ela. Precisamos aceitar que esta missão deve ser abortada e que os planos feitos para explorar, descobrir e aprender juntos não podem ser realizados. Esse profundo senso de perda é tão arrasador quanto é necessário o senso de urgência de focar no futuro. Essas duas sensações, perda e esperança, atingiram-nos simultaneamente.

Vocês todos são o controle em terra. Como controle em terra, ouvem nossa comunicação na nave e a mensuração dos instrumentos, fazem cálculos e nos guiam de volta à segurança. Vocês não podem estar na nave conosco e não têm ideia do que é estar sozinho na imensidão do espaço. Mas sem sua conexão, estaríamos perdidos. Nós, como astronautas, sentimos o conforto da conexão, uma fé total de que nossa trajetória, embora isolada na fria imensidão do espaço, está sendo acompanhada a cada segundo. Que estamos a 300 mil quilômetros de casa, mas avançando a cada segundo. Trabalhamos como equipe, não paralisados pela catástrofe, mas encorajados, inspirados e estimulados por ela. Cometemos erros, improvisamos soluções para problemas imprevistos, nunca perdemos a esperança.

Eu disse que Liz desempenha dois papéis em minha metáfora imperfeita. O segundo? Ela é JFK. Como JFK, ela colocou todo o programa Apollo em andamento. Ela preparou tudo para o sucesso. Ela recrutou apenas os melhores e mais inteligentes para o controle em terra. Ela contratou um capitão (por meio de um processo rigoroso, posso dizer) e escolheu para a nave uma tripulação de três astronautas maravilhosos, fortes, criativos, dedicados, inteligentes, tranquilos sob pressão e lindos. Então ela nos treinou. Para prestar atenção. Para dizer coisas boas uns aos outros. Para ouvir, para se envolver. Para pensar por nós mesmos. Para nos comunicar. Para *viver* e *triunfar* diante da catástrofe. Para nos perguntar o que estamos fazendo aqui. Para fazermos perguntas importantes a nós mesmos. Para suportar o esforço de encontrar respostas. Para estabelecer padrões elevados para nós mesmos. Para valorizar. Para saborear os momentos de paz e progresso. Para segurar uns aos outros com força. Para nos aceitarmos. Para amar.

(A propósito, os russos são o câncer.)

Então, é assim que estamos indo. Liz colocou muitas coisas em ação para que eu, Margo, Gwen e Dru ficássemos bem. Quando nossos "tanques de oxigênio" explodiram, ela corrigiu o rumo e nos colocou em uma trajetória perfeita, com a velocidade adequada, para usar seu impulso gravitacional e se virar e voltar para casa. Sim, sentimo-nos isolados, mas fomos bem treinados e sentimos imenso consolo na conexão com todos vocês, um grupo selecionado a dedo pela própria Liz para "estar em nossas vidas". E, com sua conexão, acabaremos por voltar à Terra em segurança.

Ele e as crianças estão seguindo em frente, não para longe de você, mas ao seu lado, do jeito que eu faço com Greenie. Você está em todos os lugares em que eles estão. Eu amo você por meio deles.

Kelly

Então, É Isso

Quando terminei a faculdade, minha meta era me tornar uma pessoa interessante com um *I* maiúsculo. Eu gostava dos poemas de Mary Oliver, da palavra *intrépido*, e meu lema era *Coisas acontecem quando você sai de casa*, casa sendo um jeito fácil de descrever qualquer coisa familiar. Meu caminho era a aventura. Juntei dinheiro durante dois anos, dormindo no sofá de minha prima para economizar no aluguel. Por fim, enchi uma mochila engraçada com todo o dinheiro que eu tinha (US$3.800 em cheques de viagem), um guia Lonely Planet, o telefone de um conhecido de meu pai e alguns antibióticos que minha mãe me obrigou a levar. Com Tracy Tuttle ao meu lado, parti para conhecer o mundo.

Depois de alguns meses vivendo bem em Hong Kong, Tailândia e Melbourne, nós nos vimos em uma viagem de doze horas de ônibus para Sydney, contando o dinheiro e decidindo que precisávamos de empregos. Fomos (entre outras coisas) babás: Tracy em uma família de seis, eu em uma de duas crianças cuja mãe havia morrido recentemente. Algo mudou. Não imediatamente, mas deixei aquela casa menos apaixonada pelos viajantes do mundo e suas histórias fantásticas, e mais entusiasmada por pessoas que tinham se jogado no que eu estava começando a ver como a única coisa que importava: ter filhos.

Entrando nos meus 30 anos, a vida que tenho agora — filhas saudáveis e um homem sensato com quem criá-las — é exatamente a vida que eu queria. Eu sabia que a coisa mais legal sobre as pessoas mais legais que eu conhecia era que elas tinham formado verdadeiras famílias, famílias com piadas particulares e apelidos e animais de estimação esquisitos dos quais falarão quando tiverem chegado aos 80.

Esse é o destino que eu pretendia atingir. Mas andando por aí com meu vestido trespassado da Dress Barn, eu estava me afogando. Culpe meu peso acima da média que nunca perdi, os cigarros Merit Ultra Lights de que não consegui desistir ou meu linguajar de marinheiro, mas levei uma droga de tempo muito longo para encontrar o Príncipe Encantado e começar uma família.

Agora, depois de apenas dezesseis anos sendo mãe, eu já quero voltar... ao tempo em que tatuagens eram temporárias e quartos de dormir ficavam abertos, quando eu sabia exatamente onde minhas filhas estavam e o que faziam e quando eu podia pegá-las no colo sem distender a lombar.

Não me entenda mal; quero o agora também. Quando estou viajando e ligo para casa, é muito bom ouvir a voz das meninas, e não consigo imaginar ficar zangada com elas de novo. É a mesma coisa quando elas estão dormindo ou quando vejo pessoas se abraçando no aeroporto ou em dias próximos a uma cerimônia fúnebre. Na semana que passei escrevendo o tributo para Liz, jurei que nunca mais apressaria Edward enquanto ele se queixava de outra droga de falha técnica em Draymond Green, e decididamente pararia de fazer gestos obscenos pelas costas de minhas filhas quando elas se afastavam furiosas.

Mas me revezar entre a cozinha, a escrivaninha e as caronas? Pode ser difícil se divertir na bagunça doméstica de toalhas mofadas e chuteiras enlameadas, muito menos com a cacofonia de irmãs brigando, ou pior: o quase silêncio de polegares clicando nos smartphones, Rihanna choramingando de um rádio ligado no quarto. E qual é o som de olhos revirando, do atrito marital ou da mente dando voltas para decidir quando interferir, quando deixá-las falhar ou lutar ou ir para a casa daquele garoto sobre quem você tem uma sensação ruim?

É uma tarefa solitária e, às vezes, estranhamente claustrofóbica, mas é isso. É isso o que eu queria e de que Liz foi arrancada, contra todos os seus desejos. Essa performance artística abstrata chamada de *Vida Familiar* é nossa única chance para a derradeira improvisação. Nossa chance de ser ótimo para alguém, de dar a outra pessoa o suficiente para que seja feliz. De ignorar ou negligenciar ou lamentar, de reafirmar o compromisso, de se desculpar, de tentar de novo. De assistir ao desaparecimento em sua próxima personalidade — de bebezinho a criança, de pré-adolescente a adolescente —, de deixar em algum lugar e perder para sempre.

Está acontecendo agora mesmo, estejamos atentos ao fato ou não.

Como depois de preparar uma refeição nutritiva de que realmente ninguém gostou muito e muitas trocas de acusações sobre quem esqueceu de levar o lixo para fora, seu "jovem adulto" irritadiço e escorregadio sai pisando duro para tomar a ducha que deveria ter tomado dois dias atrás, e a noite vira uma droga, e nenhum minuto se parece com a coisa pela qual você sempre rezou, mas então você escuta algo.

Você sobe as escadas e fica do lado de fora da porta do banheiro.

"All the single ladies, all the single ladies..."

A garota está cantando no banheiro. Sua garota extremamente comum está cantando no banheiro, e você está aqui para escutar.

Projetos corporativos e edições personalizadas dentro da sua estratégia de negócio. Já pensou nisso?

Coordenação de Eventos
Viviane Paiva
viviane@altabooks.com.br

Assistente Comercial
Fillipe Amorim
vendas.corporativas@altabooks.com.br

A Alta Books tem criado experiências incríveis no meio corporativo. Com a crescente implementação da educação corporativa nas empresas, o livro entra como uma importante fonte de conhecimento. Com atendimento personalizado, conseguimos identificar as principais necessidades, e criar uma seleção de livros que podem ser utilizados de diversas maneiras, como por exemplo, para fortalecer relacionamento com suas equipes/ seus clientes. Você já utilizou o livro para alguma ação estratégica na sua empresa?

Entre em contato com nosso time para entender melhor as possibilidades de personalização e incentivo ao desenvolvimento pessoal e profissional.

PUBLIQUE
SEU LIVRO

Publique seu livro com a Alta Books. Para mais informações envie um e-mail para: autoria@altabooks.com.br

  /altabooks   /alta-books   /altabooks   /altabooks

CONHEÇA OUTROS LIVROS DA **ALTA BOOKS**

Todas as imagens são meramente ilustrativas.